Wie

mich selbst?

Erläuterungen zum Kurs 13/I des Faches Katholische

Religionslehre

von Axel Burghausen

Wie

mich selbst?

Erläuterungen zum Kurs 13/I des Faches Katholische

Religionslehre

von Axel Burghausen

Das Titelbild: Wolfgang Michalke- Leicht - Clauß Peter Sajak (Hrsg.),
Vernünftig glauben, Braunschweig 2020, 392.

© 2021

Herstellung und Verlag: BoD – Books on Demand, Norderstedt
ISBN: 978-3-7534-7820-3

Inhaltsverzeichnis

Vorab: (Un)genügen an der Kirche

Sind wir alle (Getaufte und Glaubende) Kirche? Ja, das sind wir. Und nein, das sind wir nicht. Das Problem besteht darin, dass sehr Unterschiedliches unter dem Begriff Kirche verstanden werden kann. Und wenn man innerkirchlich Kirche kritisiert, wechseln die Gesprächspartner gerne die Ebene: Du bist doch selber Teil der Kirche.

Kirche ist eine theologische Zentralkategorie. Im großen Glaubensbekenntnis sprechen wir: „Wir glauben an … die eine, heilige, katholische und apostolische Kirche". Aber gibt es diese Kirche tatsächlich? Nur eine ist sie seit frühester Zeit nicht mehr. Katholisch (allgemein, umfassend) ist sie aus demselben Grunde auch nicht, wenn sie sich auch so nennt. Heilig kann sie immer mal wieder sein, meistens aber nicht. Und dass sie in der Tradition der Apostel steht, will ich hoffen, aber was das heißt, wird mindestens sehr unterschiedlich interpretiert. Diese Kirche ist ein theologisches Konstrukt, sicher eine Zielvorstellung, manchmal auch gelebte Wirklichkeit.

Kirche ist die konkrete, sich versammelnde und Gemeinschaft erfahrende Ortsgemeinde. Auch auf dieser Ebene kann es Ärger geben, auf ihr werden aber auch echter Mitvollzug, Geborgenheit, praktischer Glaube sowie notwendige Hilfe erfahren. Hier kann sich (fast) jeder mit seinen Fähigkeiten einbringen. Eine Grenze wird allerdings sofort gezogen, wenn diese Fähigkeiten in den

Bereich hineinragen, der dem geweihten Priester vorbehalten werden soll (z.B. Predigen).

Kirche ist die hierarchisch gegliederte Institution, die Amtskirche. Auch wenn das letzte Konzil den Begriff des allgemeinen Priestertums geprägt und die Befugnisse der Nicht-Geweihten (der „Laien") vergrößert hat, bleibt das Gefälle an Entscheidungsmöglichkeiten immer noch groß. Entsprechend leben viele Christen ihren Glauben, ohne sich um die Amtskirche zu scheren. „Wir müssten heucheln, wenn wir sagen würden, wir fühlten uns als geliebte Söhne und Töchter des Papstes oder der Bischöfe", formulierte schon der Theologe Karl Rahner.

Kirche ist die gemeinsam gelebte Nachfolge Christi in der Kraft des Heiligen Geistes. Hierarchie und Bürokratie bilden aber ein Ventil, um den Geist mal mehr, mal weniger zuzulassen. Als Papst Johannes XXIII. ein Konzil einberief, um frische Luft in die Kirche zu lassen, sagte der damals einflussreiche Kardinal Ottaviani, die Kirche brauche kein geistbewegtes Konzil, sie habe die Kurie. Seither tanzt die Kirche unbeholfen: mal zwei Schritte vor, einen zurück, mal einen Schritt vor, zwei zurück. Die Hoffnung, dass es weitere Änderungen an der Struktur gibt, z.B. im Hinblick auf das Priesteramt der Frau, hat sich immer noch nicht erfüllt, obwohl längst theologisch erwiesen ist, dass sich die herkömmliche Tradition nicht auf die Praxis Jesu und das Leben der ersten Gemeinden berufen kann.

Als Religionslehrer fühle ich mich primär an die Erkenntnisse der Theologie, nicht an die kirchliche Lehre gebunden. Beides überschneidet sich zwar erheblich, ist aber nicht identisch. Da in meinem Unterricht viele muslimische Schüler und sehr wenig gemeindlich aktive Christen saßen, hat das Thema Kirche immer eine Nebenrolle gespielt. Andere Aspekte, z.B. der Ethik, aber vor allem auch Gottesfrage und Eschatologie (vgl. Jgst. 12), waren für meine Schüler entscheidender. Daher steht auch in diesem Band der thematische Bezug im Mittelpunkt. Die Ekklesiologie habe ich der ethischen Thematik untergeordnet und auf die beiden Halbjahre der 13 aufgeteilt.

Ich gehe daher kaum auf die Frage ein, inwieweit das Christentum das Leben der Menschen in der Geschichte positiv verändert hat oder inwieweit man die Geschichte der Kirche(n) als Kriminalgeschichte lesen kann. Auch auf aktuelle Entwicklungen gehe ich nicht ein. Missbrauch ist das, was der Name sagt: Missbrauch von Macht. Keineswegs fördert der christliche Glaube diese Praxis, im Gegenteil. Und auch der Zölibat provoziert nicht eine solche sexuelle Fehlform, er kann den Trieb höchstens verstärken. Das sieht man schon daran, dass evangelische Geistliche und auch Lehrer in nicht konfessionellen Einrichtungen ebenfalls betroffen sind. Skandalös ist allerdings, wie die Kirche lange Zeit den Missbrauch vertuscht hat.

Ich ärgere mich seit Jahrzehnten in vielfacher Form über „die Kirche", ich fühle mich aber gleichzeitig in ihr zu Hause. Die sonntägliche Eucharistie als der Ort, an dem der Glaube gefeiert und verlebendigt wird, gleichsam als „Tankstelle" des Lebens, ist und bleibt mir ein notwendiges Anliegen. Und auch, wenn ich die Struktur der katholischen Kirche kritisch sehe, ist die katholische Eucharistie meine Form der Feier. Die orthodoxe Liturgie wäre mir zu überfrachtet, der evangelische Gottesdienst zu wortlastig. Die katholische Eucharistie ist dagegen die harmonische Synthese von Wort und Geste.

Aus den Themen der speziellen Ethik (Teil 3 und 4) habe ich meine Schüler jeweils auswählen lassen. Alle angegebenen Themen habe ich unterrichtet, allerdings mit unterschiedlicher Häufigkeit.

1 Kirche – Erfahrungsraum der Gegenwart Gottes

1.1 Gemeinschaft des Heiligen Geistes

Grundlage: Anthony de Mello: Die Stationen der Lebensretter
Osnabrücker Altarbild
Dimitry Merenich: Grundprinzipien der Eucharistischen
Ekklesiologie bei N. Afanasiev

Anthony de Mello vergleicht in seinem Text aus dem Jahre 2001 die Kirche mit einer Rettungsstation für Schiffbrüchige, die zunächst unter einfachsten Verhältnissen und unter Einsatz des eigenen Lebens der Helfer an einer felsigen Küste agiert und viele Leben rettet. Da die Station berühmt und reich wird, werden neue, moderne Gebäude errichtet, und es entwickelt sich ein reiches Klubleben. Die eigentliche Aufgabe der Einrichtung wird dabei immer mehr vergessen. So gründen einige Mitglieder in der Nähe eine neue Rettungsstation, die aber im Laufe der Zeit dasselbe Schicksal ereilt. Inzwischen befinden sich eine Reihe exklusiver Clubs an der Küste, jeder stolz auf seine humane Tradition, doch keiner kümmert sich mehr wirklich um Schiffbrüchige.

Die Parabel des Jesuiten de Mello ist Kritik und Appell zugleich. Kritisiert wird eine Kirche, die sich eingerichtet hat, der die Verwaltung ihres Besitzstandes und ihres Glaubens, aber auch die Abhaltung feierlicher Gottesdienste und kuscheliger Gemeindefeste wichtiger geworden ist als ihre ursprüngliche Aufgabe.

Mello appelliert an die Kirche(n), sie sollten die Sorge um das Heil der Menschen wieder mehr in den Blick nehmen. Jesus ist konkreten Menschen begegnet und hat ihnen neue Lebensperspektiven eröffnet und sie so von ihren inneren und äußeren Begrenzungen befreit. Er hat sie mit ihrer Schuld angenommen und seine Gemeinschaft mit ihnen nie aufgegeben. Ihm hier nachzufolgen, ist immer die Aufgabe der Kirche gewesen, aber als Großinstitution neigt sie dazu, zu verwalten, zu verurteilen, auszuschließen, zu ritualisieren.

Auf einer Tafel des Osnabrücker Altarbildes (ca. 1380) sitzen dreizehn Personen, zwölf Männer und eine Frau, auf einer Rundbank, eng aneinandergedrängt, um einen runden Tisch. Ihre gefalteten Hände verdeutlichen eine andächtige, konzentrierte Haltung, dennoch sehen sie sich gegenseitig an und kommunizieren miteinander. Die Personen sind als die zwölf Apostel und Maria zu erkennen, die am Pfingsttag zusammensitzen. Als Ersatz für Judas Iskariot ist allerdings Paulus eingebunden, der zu dem Zeitpunkt noch kein Anhänger Jesu war, später aber eine wichtige Rolle als Missionar im griechischen Kulturkreis spielte. Im oberen Zentrum des Bildes, zwischen Maria und Johannes, sieht man den Heiligen Geist, eine Taube mit einer Hostie im Schnabel. Auch im Zentrum des runden Tisches liegt eine Hostie. Von ihr führen rote Strahlen zu den Mündern der am Tisch Sitzenden.

Dort, wo bei Abbildungen des Abendmahls Jesus sitzt, schwebt nun also der Heilige Geist.

Er füllt die Lücke aus, die entstanden ist, weil Jesus nicht mehr in irdischer Gestalt unter den Menschen lebt. Aber was Jesus sprach und tat, bleibt der Kirche im Geist lebendig (wenn sie sich auf diesen Geist einlässt). Deshalb muss sich die Kirche immer wieder auf das Handeln Jesu beziehen.

Thema des Bildes ist die Geistsendung zu Pfingsten, aber auch die Eucharistie. Was Pfingsten bedeutet, wird in der Feier des sonntäglichen Herrenmahls deutlich. Der Geist bewirkt in dieser Feier Wandlung, der Gestalten von Brot und Wein und auch der feiernden Gemeinde, die zu einer Gemeinschaft „zusammen-geschweißt" wird. Das wird im Rahmen des Eucharistischen Hochgebets, des zentralen „Tischgebets" der Feier, in den Epiklesen (Anrufung Gottes über etwas) deutlich, der Wandlungs- und der Kommunionepiklese. Ich zitiere Beispiele aus dem dritten Hochgebet: „Durch ihn (Christus) … bitten wir dich, allmächtiger Gott: Heilige unsere Gaben durch deinen Geist, damit sie uns werden Leib und Blut deines Sohnes, unseres Herrn Jesus Christus, der uns aufgetragen hat, dieses Geheimnis zu feiern...Stärke uns durch den Leib und das Blut deines Sohnes und erfülle uns mit seinem Heiligen Geist, damit wir ein Leib und ein Geist werden in Christus." Die Eucharistie vermittelt also Kommunikation: Gemeinschaft mit Christus und der Gemeinde untereinander. Sie öffnet damit den Einzelnen für alles, was ihm außen begegnet und ihn „anruft", es bricht jede Form von Selbstbezogenheit auf. In der liturgischen Feier verdichtet sich, was Christsein bedeutet, sie ist „Quelle und Gipfel" allen kirchlichen Tuns.

Konsequenzen aus diesen Überlegungen zog der orthodoxe Theologe Nikolai Afanasiev (1820-1898) mit seinem Entwurf einer eucharistischen Ekklesiologie. (Ekklesiologie ist die Lehre von der Kirche.) Mit dem Verzehr des eucharistischen Brotes ist der ganze Christus gegenwärtig, nicht nur ein Teil von ihm. Er konstituiere in dieser Feier seine Kirche. Also sei auch die feiernde Gemeinschaft in der sonntäglichen Ortsgemeinde Kirche als Ganze. Übergeordnete Strukturen der Kirche seien aus praktischen Gründen unerlässlich, sie konstituierten und legitimierten Kirche aber nicht, das geschehe durch den Vollzug der Eucharistie. Die eine Kirche Christi äußere sich im konkreten Leben einer Vielzahl von Ortsgemeinden, die unter sich in brüderlicher Liebe verbunden seien (was eben auch die Anerkennung der Verschiedenheit einschließt).

Josef Blank, Peter Hünermann und Paul Michael Zulehner veröffentlichten 1978 ihr Buch „Das Recht der Gemeinde auf Eucharistie".Angesichts immer weniger geweihter Priester argumentieren die Autoren dafür, in der Gemeinde bewährten Männern das Recht zur Leitung der eucharistischen Feier zu geben. Grundlage dieser Überlegungen war ebenso wie bei

Afanasiev die Überzeugung, dass die Eucharistie und nicht die Amtsideologie die Kirche konstituiere und präge. Die wöchentliche Osterfeier müsse jeder Gemeinde am Sonntag ermöglicht werden. In einem Gegensatz zu diesen Überlegungen steht die Vorstellung der katholischen Kirche von der sogenannten apostolischen Sukzession. Demnach wird jeder Bischof von einem gültig geweihten Bischof geweiht, so dass die Linie der dadurch entstehenden Einsetzungen ohne Unterbrechung bis zu den Aposteln zurückreicht. Dieses Konzept legitimiert Kirche vom Bischofsamt her und spricht Gemeinschaften ohne diese Sukzession (z.B. der Evangelischen Kirche in Deutschland) den Status einer Kirche ab.

1.2 Freude und Hoffnung, Tränen und Angst

Grundlage: Lied: Ein Haus voll Glorie schauet (2 Fassungen)
Konzilsdokument: Gaudium et spes
Karl Rahner: Dienst an der Welt

Das Kirchenlied „Ein Haus voll Glorie schauet" wurde ca. 1873 von Joseph Mohr gedichtet und komponiert. Es ist seine Antwort auf den Kulturkampf im Deutschen Reich und die 1872 erlassenen Jesuitengesetze. Der 1871 entstandene Nationalstaat versuchte mit seiner protestantischen Mehrheit eine einheitliche deutsche Nationalkultur durchzusetzen und den Einfluss der katholischen Kirche zu begrenzen. Da die Katholiken ihren „Chef" in Rom haben, wurden sie als nationale Gefahr angesehen. Daher wurden Niederlassungen des Jesuiten-Ordens verboten und Einrichtungen der katholischen Kirche (z.B. Schulen) unter staatliche Aufsicht gestellt.

Das Lied ist als Dokument des Widerstands gegen diese staatliche Ermächtigung, aber auch gegen liberale und sozialistische Bewegungen der Moderne zu verstehen. Dieser Widerstand drückt sich in einer reichen Kriegsmetaphorik aus. Die Kirche wird als wehrhafte Burg dargestellt, die von ihren Feinden angegriffen, aber nicht erobert wird. Dafür streiten schon Christus und die „himmlische Kirche", aber auch die aktuellen Christen, die bereit sind, sich selber in diesem Kampf zu opfern. So vermittelt die „Burg" der Kirche Schutz und Geborgenheit. Der inhaltlichen Aussage entspricht die Melodie des Liedes, die mit einer sich steigernden Rhythmik wie eine triumphalistische Kriegshymne wirkt. Viele Christen singen dieses Lied gerne, weil man es so schön schmettern kann.

Die Stoßrichtung und die Beliebtheit des Liedes verdecken aber leicht die mit ihm verbundene theologische Problematik. Die Kirche und der christliche Glaube werden im Bild der Burg als in sich abgeschlossene, statische und hierarchische Gebilde dargestellt, die in Opposition zu den Denk- und Lebensweisen der Moderne stehen und die durch ein kompromissloses Festhalten des Alten verteidigt werden müssen. Zudem werden die Kirche auf Erden und die im Himmel gleichgestellt, sodass die Kirche im

Grunde schon das Reich Gottes ist – jedenfalls, wenn man an ihren Lehren festhält.

Bei der Gestaltung des Gebetbuchs „Gotteslob" für alle deutschen Bistümer im Jahre 1972 hielt man einerseits an der Melodie und der bekannten ersten Strophe fest, dichtete aber die weiteren Strophen neu und versuchte dabei die inzwischen veränderte Ekklesiologie zu berücksichtigen. Die neuen Bilder, die poetisch leider etwas uneinheitlich ausfallen, stellen die Kirche als wanderndes Gottesvolk dar. Sie ist eben noch nicht vollendet, noch nicht am Ziel, sondern sie ist auf dem Weg – und immer auch bezogen auf die Menschen der Gegenwart, vor denen die erlösende Lehre Christi bezeugt werden soll. Aus der Burg der alten Fassung wird jetzt ein Zelt. Die Kirche ist eine vorläufige „Behausung", dynamisch immer in Bewegung und auf ein endgültiges „Haus", das „himmlische Jerusalem" (vgl.Jgst. 12/II), hin. Fundament der Kirche ist aber Jesus Christus. An ihm sich auszurichten, bedeutet, dem eigenen Wesen und Auftrag bei aller Anpassung an die Zeit treu zu bleiben.

Ein Konzil ist die Versammlung aller Bischöfe der Weltkirche, die in unregelmäßigen Abständen zusammengerufen wird, wenn wichtige Fragen gemeinsam beantwortet werden mussten. Das letzte Konzil, das zweite im Vatikan, fand 1962-1965 statt. Es ging darum, die überlieferte Lehre der Kirche so auszulegen, dass sie die Menschen der Moderne ansprechen konnte. Dabei gab es eine Reihe längst überfälliger Reformen, z.B. in der Deutung der Heiligen Schriften, in der Feier des Gottesdienstes oder im Verhältnis zu anderen Religionen (vgl. Jgst. 13/II). Denn nur Reformen der kirchlichen Verkündigung ermöglichen es, ihre Lehre in einer neuen Zeit wirken zu lassen. Sonst steht die Kirche einzig als Bewahrerin des Alten dar.

Im Vorwort der Pastoralkonstitution „Gaudium et spes" wird deutlich, dass der Kirche nichts Menschliches fremd sein könne. „Freude und Hoffnung, Trauer und Angst" der Menschen in der Gegenwart müsse auch Freude und Hoffnung, Trauer und Angst der Christen sein. Denn die Kirche ist keine abstrakte Größe außerhalb der Zeit, sondern auf die Menschen der Zeit bezogen. Das beziehe sich in besonderer Weise auf die Solidarität mit Armen und Entrechteten.

Karl Rahner kritisiert in seinem Text „Dienst an der Welt" die Neigung der Kirche, zunächst an ihr eigenes Wohlergehen und ihren Bestand zu denken. Diese Neigung sei zwar zu bestimmten Zeiten (z.B. im Nationalsozialismus) mehr als verständlich, widerspreche aber dem Auftrag Christi. Die Kirche sei kein Selbstzweck, sondern immer nur Mittel zum Zweck. Sie sei dazu berufen, Sakrament des Heiles für die Menschen zu sein, und müsse immer diesen Dienst an dem Menschen und seine Würde im Blick behalten, auch wenn sie sich dadurch selber schade.

1.3 Die Schule von Ivry

Grundlage: Texte von Madeleine Delbrêl

Madeleine Delbrêl (1904-1964) fand nach einer atheistischen Phase mit 20 Jahren zum christlichen Glauben. Beim Gebet hatte sie eine überwältigende Gotteserfahrung, die sie durch ihr Leben trug. Ihr Anliegen war (statt ins Kloster zu gehen), ihren Glauben mitten in der Welt zu leben und Jesus im liebenden Tun nachzuahmen. Denn auch Jesus ist mitten in der Welt geblieben und hat das Leben der Menschen geteilt.

Ivry, ursprünglich ein beschaulicher Ort in der Nähe von Paris, wurde durch die Industrialisierung zunehmend durch Fabriken und soziale Konflikte geprägt. Eine kommunistische Stadtverwaltung versuchte, die Probleme zu lösen. Mit wenigen Mitstreiterinnen leistete Delbrêl Sozialarbeit an diesem Ort, erst in einem kirchlichen Haus, dann in einer normalen Mietwohnung. Schnell saß sie zwischen allen Stühlen, abgelehnt von den Kommunisten und argwöhnisch beäugt von der katholischen Gemeinde. Ihr Einsatz für die Menschen wurde aber in dem Ort immer mehr anerkannt, zumal sie nicht über Jesus sprach, sondern wie er handelte. Ivry wurde für sie zur Schule angewandten Glaubens.

Delbrêl kritisiert, dass viele Menschen in der Kirche den lebendigen Glauben und „christliche Mentalität" miteinander verwechselten. Man halte an Traditionen und Gebräuchen fest und sehe den Glauben als eine Art Eigentum, das man festhalten und gegenüber anderen verteidigen müsse. Er sei gleichsam eine (richtige) Weltanschauung, die in Konkurrenz zu anderen Weltanschauungen stehe. Die Erfahrung, dass Gottes Anwesenheit unendliches Glück bedeute, gehe dabei verloren. Diese Glaubenserfahrung müsse aber in jeder Zeit immer wieder neu für die Menschen übersetzt werden.

Das soziale Handeln ihrer Wohngemeinschaft bedeutet für Delbrêl daher nicht ein großmütiges Mitteilen der Güte Gottes aus einer überlegenen Position heraus. Vielmehr gehe es darum, sich auf jeden Menschen einzulassen, jedem die ganze Fülle der Liebe zu schenken. Objektiv seien es nur Kleinigkeiten, zu denen die Frauen fähig seien, aber sie werden mit ganzem Herzen ausgeführt. Diese kleine Liebe im Alltag sei das Tor zur Weite der Liebe Gottes. Das Doppelgebot der Liebe (Gottes- und Nächstenliebe) sei unteilbar. Man könne Gott nur lieben, wenn man diese Liebe an die Mitmenschen weitergebe.

Dieses Handeln der kleinen Gemeinschaft vollziehe sich in der „Wüste" der modernen Großstadt. Während in den ersten Jahrhunderten des Christentums Mönche (die Wüstenväter) die Einsamkeit der Wüste suchten, um Gott zu finden, so biete für den tätigen Christen die Großstadt beides: Einsamkeit des Individuums und die Notwendigkeit, Gott in der Hilfe für seine Mitmenschen zu finden. Delbrêl arbeitet hier mit der Ähnlichkeit des Klangs im Französischen: solitaire (Einsamkeit) und solidaire (Solidarität). Einsamkeit versteht sie auch spirituell: Da Gott alles sei, sei die Welt nichts. Einsamkeit bedeute also nicht, Abstand von den Mitmenschen zu halten, sondern Gott als anwesend zu erfahren.

Wenn das Zwitschern der Vögel und andere Naturlaute Menschen zum Gebet motivieren, warum, so fragt Delbrêl, gelte das nicht auch für den Lärm an Straßenkreuzungen. Auch für den Städter sei die Begegnung mit Jesus Christus jederzeit möglich. In der Hektik des Alltags mit seinem vollen Terminkalender gehe das Beten freilich häufig verloren. Man müsse daher seltener, aber intensiver beten. Delbrêl vergleicht das Gebet mit einem Brennstoff, der das innere Feuer unterhält. Die Klöster mit ihren zahlreichen Gebetszeiten brennten ganze Wälder ab. Wer diese Wälder (also genügend Zeit) nicht habe, müsse gleichsam in einem kleinen Loch in die Tiefe bohren, um dort Öl zu finden. Auch in einem hektischen Leben gebe es immer wieder Pausen: des Wartens, der Verspätung, der Heimfahrt, der Bereitung eines Essens etc. Diese Pausen könne man zum Gebet nutzen. Gott, der den Kontakt zu den Menschen suche, gebe ihnen auch immer die Möglichkeit, diesen Kontakt zu finden.

1.4 Schweigen und dienen: die Frau in der Kirche

Grundlage: 2 Karikaturen
        Iris Müller – Ida Raming: Aufbruch aus männlichen
        „Gottesordnungen"
        Hans Küng: Die Frau im Christentum
        Anne Jensen: Gottes selbstbewusste Töchter

In einer Karikatur von Horst Grimm sehen wir in einem Kirchenraum zwei Frauen, die den Dreck aufkehren bzw. den Boden wischen. Man sieht ihnen an, dass ihre Arbeit mühselig und unbefriedigend ist. Im Hintergrund unterhalten sich zwei Priester. Der eine sagt: „Ich halte die Rolle der Frau für unverzichtbar."

Symbolischer ist eine Karikatur von Julia Drinnenberg. Auf der Stufe vor dem Eingang in die Sakristei sitzt eine Frau, angeleint wie ein Hund. Auf einem Schild an der Tür steht unter einem Weiblichkeitszeichen (Venussymbol): Wir müssen draußen bleiben.

Beide Karikaturen sprechen für sich: Frauen werden in der katholischen Kirche von führenden, zentralen Aufgaben ausgeschlossen und auf vergleichsweise unbedeutende, dienende Funktionen reduziert. Eine Gleichberechtigung findet nicht statt.

Eine solche Ungleichbehandlung hat es in den frühen Gemeinden nicht (unbedingt) gegeben. Im NT finden wir zwar durchaus die

„Haustafeln" (z.B. Kol 3,18ff.), die im Sinne der damaligen Gesellschaftsordnung eine Unterordnung der Frau unter den Ehemann fordern, doch es findet sich auch Gal 3,27f., eine frühchristliche Taufformel. Der/die Getaufte ziehe gleichsam Christus als „neues Gewand" an, er/sie werde eins mit ihm. Daher fielen alle gesellschaftlichen Unterschiede, des Geschlechts, der Herkunft oder des gesellschaftlichen Standes, weg.

Die Leitung von Hausgemeinden und der Verkündigungsdienst als Apostel (im Griechischen gibt es keine Apostelin) wurden im ersten Jahrhundert nicht nur von Männern ausgeführt. Paulus erwähnt Frauen als „Kolleginnen" (synergoi).
Ausgangspunkt dieser vielfältigen Praxis ist die Charisma-Lehre des Paulus. Der Heilige Geist schenkt Menschen die Fähigkeit (charisma = Gnadengabe), in einer Gemeinde eine bestimmte Aufgabe zu erfüllen und den Glauben der Mitchristen zu festigen. Diese Aufgaben können offiziellen oder stärker privaten Charakter haben (z.B. Trauernde zu trösten). In beiden Fällen ist die Gnadengabe nicht auf ein Geschlecht beschränkt.

Die weitere Institutionalisierung der Kirche und ihre Entwicklung zur Staatskirche im Römischen Reich führte dann zu einer Umbewertung kirchlicher Aktivitäten. Alles Punktuelle, Subjektive, Kreative verlor gegenüber einer geregelten Ordnung an Gewicht. Nicht mehr die wandernden und Christi Botschaft verkündenden

Missionare wurden jetzt als Apostel bezeichnet, sondern die lokalen Gemeindeleiter. Der Bischof wurde zur zentralen Figur der Kirche, die vielfältigen Charismata verloren an Wert. In diesem Prozess blieben die Frauen auf der Strecke.

Es ist also eine politisch-gesellschaftlche Entwicklung, die zur Vorherrschaft des Mannes in der Kirche führte. So notwendig dieser Prozess geschichtlich vielleicht war, so wenig spiegelt er das Wesen und den Ursprung des Christentums wider. Dass das geistige und geistliche Potential der Hälfte der Menschheit von der Kirche nur ungenügend genutzt wird, ist ärgerlich, auch wenn Frauen wie Madeleine Delbrêl als Leuchttürme hervorragen.

2 Wem nützt das Gute? (Grundlagen der Ethik)

2.1 Der Mensch zwischen Eigennutz und Altruismus

Grundlage: Frank Wedekind: Frühlings Erwachen
             Sommer: Alles Leben ist Egoismus
             Klaus Dehner: Ethik und Evolution

Ein Gespräch zwischen den Jugendlichen Melchior und Wendla in Frank Wedekinds Drama „Frühlings Erwachen" (I/5) beschäftigt sich mit der Motivation von Hilfsbereitschaft. Wendla besucht arme Leute, um ihnen Notwendiges zu bringen. Sie hat Freude darin, ihnen damit zu helfen. Melchior stellt die moralischen Vorstellungen der Kirche in Frage. Wer Freude am Helfen habe, der helfe eben, ein anderer nicht. Es sei also kein moralisches Verdienst, Gutes zu tun, sondern es geschehe nur, damit man sich anschließend besser fühle. Es gebe keine Opferbereitschaft, keinen Altruismus. Als er in Szene II/4 sexuell über Wendla herfällt, sagt er: „O glaub mir, es gibt keine Liebe! - Alles Eigennutz, alles Egoismus!"

Die moderne Soziobiologie verwendet die Metapher der „egoistischen Gene". Letztlich suche jedes Lebewesen den Vorteil, sich selber in zukünftige Generationen zu reproduzieren. Um dies zu erreichen, seien bisweilen Betrügen und Mord (auch unter Artgenossen) die geeigneten Mittel. Sommer setzt sich damit von Konrad Lorenz und anderen Vertretern der klassischen vergleichenden Verhaltensforschung ab, die behauptet hatten, dass instinktive Regelmechanismen Tiere davon abhielten, Artgenossen zu schädigen.

Aber auch ausdrücklich altruistisches Verhalten sei letztlich dem Prinzip Eigennutz geschuldet. Affen kratzten anderen den Rücken, um selber gekratzt zu werden. Tiere hülfen also einander, um selber Hilfe zu erhalten. Sie kooperierten (z.B. bei der Jagd), um erfolgreicher den eigenen Vorteil, nämlich die Nahrung, zu erreichen. Auch die Hilfe bei der Aufzucht von Verwandten (z.B. Neffen oder Nichten) unter Verzicht auf eigenen Nachwuchs sei in Wahrheit egoistisch. Denn die Umweltbedingungen ließen eigenen Nachwuchs nicht zu, die Neffen und Nichten hätten aber immerhin 25% der eigenen Gene. Es gehe also auch hier darum, möglichst viel von sich selber weiterzupflanzen.

Klaus Dehner sieht in der Kooperation der Tiere den evolutionären Ursprung unserer Moral. Um gemeinsam erfolgreich zu sein, müsse das einzelne Tier auf einen möglichen kurzfristigen individuellen Vorteil verzichten und sich in das Gesamt des Rudels einfügen. Auf Dauer bringe der Erfolg der Gruppe den Vorteil für alle ihrer Mitglieder. So entwickelten sich eine hierarchische Ordnung, je nach dem besonderen Vermögen der

Einzelnen, ein aufeinander abgestimmtes strategisches Vorgehen und eine klare Verständigung der Tiere untereinander.

Diese Prinzipien gelten für die Menschen auch. In der Regel nutzt es ihnen, miteinander zu kooperieren. Allerdings haben sie im Gegensatz zum Tier durch die Vergrößerung der Großhirnrinde die Möglichkeit, das eigene Handeln zu hinterfragen und sich so von reiner Instinktsteuerung zu befreien. So erkennt der Mensch bisweilen einen Vorteil darin, zu lügen, zu betrügen und „seinen Ellenbogen" einzusetzen. Er kann so handeln, dass er gegen die Interessen der Gemeinschaft verstößt.

In gleicher Weise ist das durch das Gehirn gewonnene Reflexionsvermögen aber auch Grundlage der Fähigkeit, für andere Empathie zu empfinden, mit dem Schicksal anderer mitzuleiden. Es kann also sowohl zur Durchbrechung von Regeln als auch zu ihrer Konstituierung führen. Weil Tugenden wie Gerechtigkeit, Zuverlässigkeit, Wahrhaftigkeit nicht mehr selbstverständlich sind, gibt sich die Gemeinschaft Regeln, die den Einzelnen zum „richtigen" Verhalten anhalten und ihn sanktionieren, wenn er sich nicht daran hält.

Zunächst galt die so entstandene Moral nur für die geschlossene Gruppe, also z.B. die Sippe. Der Friedlichkeit innerhalb der Gruppe entsprachen Aggression und Gewalt nach außen. Je mehr sich die erfahrene Lebensgemeinschaft der Menschen ausdehnte, umso größer wurde die In-Group, für die die Regeln galten.

2.2 Werte, Normen und Gewissen – Wegweiser des Handelns

Grundlage: Arbeitsblatt: Welche Werte sind mir wichtig?
              Interview mit Friederike Mai: Herkunft, Bedingtheit und
              Funktion von Normen
              Karl Friedrich Haag: Gewissen – Ein   Interpretations-
              vorschlag

Die Antworten der Schüler und Schülerinnen, welche Werte ihnen wichtig seien, sind individuell und können hier nicht diskutiert werden. In der Regel stehen aber Freundschaft, Partnerschaft und Familienleben, also der Wunsch nach erfüllenden und harmonischen Kontakten, an erster Stelle. Interessant ist jeweils das Verhältnis von Freiheit (z.B. Unabhängigkeit von anderen) und Verantwortung. Vor allem wenn Verantwortung konkret wird (politisches oder soziales Engagement), ist das Interesse eher gering. Das Umweltbewusstsein nimmt zu, steht aber deutlich unter dem Wunsch nach Genuss. Toleranz wird als hoher Wert erachtet. Der Glaube an Gott spielt vor allem bei muslimischen Schülern eine wichtige Rolle.

In einem Interview mit dem Heidelberger Boten klärt die Soziologin Friederike Mai einige Grundbegriffe. Moral ist der Begriff für in einer Gesellschaft herrschende und erwartete konkrete Verhaltensweisen, die meistens automatisch über-nommen werden. Die Reflexion darüber, welches Verhalten richtig oder falsch ist, nennt man Ethik. Normen sind die –

geschriebenen oder ungeschriebenen - Regeln sozialer Gruppen. Sie drücken die Identifizierung mit dieser Gruppe aus und verleihen Identitätsgefühl und Orientierung. Sie regeln zwischenmenschliche Kommunikation und lassen das menschliche Verhalten vorhersagbar und zuverlässig erscheinen. Außerdem entlasten sie den Einzelnen davon, immer wieder neu über richtig oder falsch zu entscheiden. Sie ersetzen zudem die beim Menschen fehlende Instinktbindung. Da der Einzelne in Beziehungen und einen gesellschaftlichen Kontext eingebunden und auf andere Menschen angewiesen ist, waren und sind Normen überlebenswichtig. Sie regeln auch das Zusammenleben in einem Staat und die Beziehung zu Gott.

Da Normen von Menschen gemacht sind, können sie aber auch immer wieder einseitig bzw. problematisch sein. Sie können dem eigenen Gewissen widersprechen und müssen dann in Frage gestellt werden. Die Bilderreihe auf dem Arbeitsblatt (Karikatur: Mohr) zeigt die zeitliche Bedingtheit der zugrunde liegenden Werte: der militante und autoritäre Wilhelminismus, das rassistische und aggressive Programm Hitlers, die Beschränkung auf Einkommen und Leistung in der Zeit des Wiederaufbaus, die chaotische und kreative Fröhlichkeit der Hippie-Bewegung, der auf Digitalisierung spezialisierte Nerd der Gegenwart. Und welche Werte bringt uns die Zukunft?

Das Thema des „schlechten Gewissens" ist bei mir seit meiner Kindheit eher verrufen, mit Erinnerungen verbunden, die mich behindert, nicht gefördert haben. Zu häufig musste ich mich für Handlungsweisen entschuldigen, hinter denen ich eigentlich stand, für die ich mich nicht entschuldigen wollte. Unabhängig davon, ob ich heute meinen Eltern oder anderen Autoritäten recht gebe oder nicht, fühlte ich mich in diesen Situationen an meiner freien Entscheidung und Bewertung gehindert. Das „schlechte Gewissen" nahm ich dann in mein weiteres Leben mit, immer wenn ich etwas tat oder tun wollte, was so nicht von mir erwartet wurde. Das Über-Ich (vgl. Jgst. 11), das ich hier beschrieben habe, und das menschliche Gewissen sind aber nicht dasselbe, allerdings wird das Gewissen oftmals vom Über-Ich überlagert und gehemmt. Wer beispielsweise für sich den Anspruch erhebt, alles richtig zu machen, wird auf jeden Fehler (auch im Umgang mit anderen Menschen) mit Schuldgefühlen reagieren und an Selbstbewusstsein verlieren.

Das „unbeschwerte" Gewissen sieht Haag dagegen positiv als Einheitsorgan des Menschen. Wenn der Mensch seinem Gewissen folgt, erfährt er die Identität mit sich selber und seinem Leben. Zunächst blickt er sich gleichsam von außen an. Lateinisch conscientia bedeutet „Mit-Wissen". Seine Reflexionsfähigkeit befähigt den Menschen, sich in seinem kommenden oder schon vollzogenen Handeln immer wieder zu analysieren und dessen Stimmigkeit zu bewerten. Bin ich das wirklich, der sich in dieser

Handlung widerspiegelt? Entspricht sie dem, was ich mit meinem Leben und meiner Persönlichkeit will? Im Gewissen übernimmt der Mensch also gleichsam die Verantwortung für sich selber. So lernt er, sich zu seiner Vergangenheit zu bekennen und sich für seine Zukunft zu entscheiden.

Diese Fähigkeit hat jeder Mensch von Natur aus. Die Inhalte des Gewissens werden jedoch im Laufe der Entwicklung erworben und können sehr unterschiedlich sein. Ein Mensch, der genügend Vertrauen zu sich selber hat, wird nicht nur um sich kreisen, sondern seine Verantwortung nach außen strahlen lassen. So kann das Gewissen lehren, dass ich gerade dann mit mir eins bin und nicht zu kurz komme, wenn ich für andere da bin. Für den religiösen Menschen wächst das Gefühl, in Gott geborgen zu sein und sich daher loslassen zu dürfen.

2.3 Zehn Worte der Freiheit

Grundlage: Ex 20,1-17 (Dtn 5,6-21)
Josef Heer: Wegweisung für den, der etwas von Befreiung erfahren hat
Informationsblatt: Der Dekalog

Die „zehn Gebote" sind für viele durch ihre Funktion in Beichtspiegeln oder Katechismen in Verruf geraten. Ist es ein zentrales Anliegen des Christentums, Menschen Schuldgefühle einzureden? Besteht diese Religion nur aus Ge- und Verboten? Ist es ohne weiteres möglich, Sünden des heutigen Menschen auf diesen alten Text zu quetschen? Und ist er auf Kinder anzuwenden, die von ihm am wenigsten gemeint werden?

Das Problem beginnt schon damit, dass die meisten Menschen nur eine Kurzfassung kennen. Die in dem Text enthaltene theologische Grundierung wird oft weggelassen. Da es sich eben nicht nur um Gebote handelt, ist der Fachausdruck Dekalog (zehn Worte). Wer ihn unvoreingenommen liest, wird eine formale Fünfteilung erkennen: „Ich bin" V. 2, „Du sollst ... nicht" V. 3-7, „Gedenke" V. 8-11, „Ehre" V. 12, „Du sollst nicht" V. 13-17. Es spricht vieles dafür, dass der Dekalog nicht aus einem Guss entstanden ist, sondern aus verschiedenen Vorlagen zusammengefügt wurde. Auffällig ist die hervorgehobene Stellung des Sabbatgebotes, das man sowohl den Geboten gegenüber Gott als auch den Geboten gegenüber Menschen zuordnen könnte und das in den beiden atl. Dekalogfassungen unterschiedlich begründet wird (in Ex 20 mit Hinweis auf die Schöpfung, in Dtn 5 mit Verweis auf den Exodus).

Entscheidend für das Gesamtverständnis des Textes ist der erste Satz. Jahwe sagt eben nicht: Ich bin euer Gott und deshalb kann ich euch befehlen. Er sagt: Ich habe euch befreit, euch ein freies Leben gesichert. Freiheit muss man auch schützen, sie kann wieder verloren gehen. Daher sollte alles vermieden werden, was die Freiheit gefährdet. Die zehn Worte sind also eher Lebensregeln, manche davon ganz selbstverständliche, die es aber auch wert sind, erinnert zu werden. Menschen neigen dazu, alles

Mögliche zu vergöttern, ausdrücklich oder indirekt. Dadurch machen sie sich aber selber klein und geben ihre Selbstbestimmung auf (häufig ohne es zu merken). Auch die eigene Arbeit darf nicht zur erzwungenen oder freiwilligen Knechtschaft führen. Gefährdet ist eine freie Gesellschaft aber auch, wenn ihre Glieder untereinander bestimmte Regeln nicht einhalten. Menschen versklaven Menschen, und deshalb müssen die Schwachen geschützt werden.

Die ersten Gebote begründen ein Exklusivverhältnis zum Befreiergott. Die Existenz anderer Götter wird noch vorausgesetzt. Aber nur der Gott, der befreit hat, kann die Freiheit auch bewahren und engt sie nicht gleich wieder ein. Jahwe ist anders als „die Götter". Er bindet sich nicht an einen Ort, nicht an ein Bild, nicht an eine Vorstellungsweise. Er bleibt unverfügbar. Der Versuch, ihn einzuengen, würde zugleich das Verhältnis zu ihm beengen. Deshalb darf man nicht versuchen, Gott mit magischen Praktiken zu manipulieren. Das ist hier mit dem „Namensverbot" gemeint und nicht ein unvorsichtiger oder redensartlicher Gebrauch des Wortes „Gott".

Eine soziale (und psychologische) Funktion hat zunächst das Sabbatgebot. Arbeit ist für das Selbstverständnis des Menschen wichtig, sie ist aber nicht alles. Gerade das richtige Verhältnis von Arbeit – Ruhe - Feier entspricht der menschlichen Würde. Und gerade Menschen, die nicht selbstbestimmt arbeiten können, über die von anderen bestimmt wird, haben Anspruch auf eine Ruhepause, die deutlich macht, dass auch sie Kinder Gottes sind. Erst im Laufe der Zeit wurde der Sabbat (nach jüdischer Zählung von Freitagabend bis Samstagabend) zum religiösen Feiertag, an dem man beispielsweise in der Synagoge betete und Gottes Wort hörte. Die Christen haben diese Forderung auf den Sonntag übertragen, der als Tag der Auferstehung Christi der erste Tag einer neuen Schöpfung wurde.

Das Gebot, die Eltern zu ehren, richtet sich nicht an die Kinder, sondern an die arbeitsfähigen Erwachsenen, die für ihre greisen Eltern (in einer Zeit ohne staatliche Rentenversicherung) sorgen müssen. Menschliche Würde hängt nicht von der Leistungsfähigkeit ab, sondern ist durch Gott gegeben. Zudem sind die Alten Träger der Traditionen und können mit ihrem Rat helfen, auch wenn sie zu körperlicher Arbeit nicht mehr fähig sind.

„Du sollst nicht morden" ist die richtige Übersetzung des fünften Gebotes. Im Grunde ist es eine redundante Aussage: Verbotenes Töten sollst du unterlassen. Aber gerade, wenn man in einem Gemeinwesen in Frieden leben möchte, ist es wichtig, dieses Gebot immer wieder zu betonen. Wer ständig Angst um sein Leben haben muss, kann nicht wirklich frei sein. Weder das Töten im Krieg noch die Todesstrafe (und erst recht nicht das Töten und Verzehren von Tieren) fielen unter das Gebot. Heute sind wir in vielerlei Hinsicht sensibler geworden und stellen auch diese Praktiken in Frage. Hier wird aber schon ein Problem des

Dekalogs deutlich. Die „Gebote" bieten Grundsätze, sie geben aber keine Handlungsanweisungen. In einer konkreten Situation müssen wir unsere Entscheidung selber rechtfertigen.

Gerade das sechste Gebot wurde im Dienste kirchlicher Sexualmoral unsachgemäß pädagogisiert. Es geht ausschließlich um den sexuellen Verkehr mit einer verheiraten oder verlobten Frau. Wer das Rechtsverhältnis der Ehe stört, gefährdet den Frieden des Gemeinwesens. Sexuelle Praktiken außerhalb dieses Bereichs können die menschliche Würde stärken oder gefährden, sie können Ausdruck von Liebe oder von Missbrauch sein. Wie ich die jeweilige Handlung bewerte, lässt sich jedenfalls nicht mit dem sechsten Gebot begründen. Ein Kriterium formulierte Augustinus (354-430): „Liebe, und dann tu, was du willst."

Das Verbot zu stehlen bezog sich ursprünglich wohl auf den Diebstahl von Menschen (um sie in die Sklaverei zu verkaufen). In der allgemeinen Form, in der es jetzt dasteht, erscheint es als Doppelung zum 9./10. Gebot.

Angeblich soll jeder Mensch am Tag 200-mal lügen. Diese utopisch hohe Zahl setzt offensichtlich eine sehr weite Definition von Lüge voraus. Wenn ich jemanden, den ich kaum kenne, freundlich grüße und ihm „Guten Tag" wünsche, ist das für mich keine Lüge. Einerseits entspricht es einer alltäglichen Konvention, die der Angesprochene auch einschätzen kann, andererseits wünsche ich niemandem Krankheit oder Not, auch wenn ich nicht zu seinem Bekanntenkreis zähle. Unvollständige Beurteilungen, z.B. in Geschmacksfragen, sind manchmal ein Gebot der Höflichkeit und auch keine Lüge. Dennoch wird jeder Mensch bisweilen lügen, und manchmal schützt das andere. Das achte Gebot verbietet nicht jegliche Form von Lügen, sondern die, die negative Auswirkungen auf Freiheit und Leben anderer Menschen haben, das heißt vor allem Falschaussagen vor Gericht. Dort, wo es entscheidend darauf ankommt, muss man sich auf das Wort eines Menschen verlassen können.

Auch wenn ich ständig ein Auge auf meinen Besitz haben muss, ist eine funktionierende Gemeinschaft nicht möglich. Das letzte Gebot soll die Besitzverhältnisse sichern. Mit „Haus" ist dabei der Hausstand, die ganze Habe einschließlich der dazu gehörenden Personen, gemeint. Und auch der Neid und die Begierde auf den Besitz anderer werden schon als Gefahr für das Zusammenleben angesehen.

In dem Durchgang durch die einzelnen Bestimmungen des Dekalogs müsste deutlich geworden sein, dass es sich um eine Art „Grundgesetz" des Volkes Israel, ein Dokument des Bundes mit seinem Gott Jahwe handelt. Es regelt bzw. reglementiert das Leben nicht, kann aber als allgemeine Richtschnur helfen, die eigene Freiheit und die der anderen zu bewahren. Und es kann nur in einem sehr übertragenen Sinne als christliches „Gesetz" angesehen werden. Jede Aktualisierung ist eine Interpretation. Dennoch lohnt es sich zu fragen: Wer oder was wird von uns heute als „Gott" verehrt, sodass wir selber unsere Freiheit beschneiden? Ist uns unsere Arbeit oft so wichtig, dass wir vergessen zu leben? Welcher Zuwendung bedürfen unsere alten Eltern, auch wenn für ihren Lebensunterhalt gesorgt ist? Wie verlässlich, tolerant und mitfühlend müssen wir gegenüber unserer Umgebung sein, um unsere Gesellschaftsordnung nicht zu zerstören?

2.4 Der Andere ist anders. Er ist wie du. (Liebesgebot, goldene
Regel)

Grundlage: zwei Karikaturen
Lk 10,25-37
Erich Fromm: Die Kunst des Liebens
Rudolf Ginters: Selbstsucht und Selbstliebe
Informationsblatt: Die goldene Regel

Eine Karikatur (Zeichnung: Mester) zeigt uns einen Kirchenraum mit angedeuteten Pfeilerfiguren und Orgelpfeifen. Am Ambo predigt der Priester, in den Bänken sitzen Menschen und hören ihm zu. Der Priester sagt: „Jesus, unser Herr, spricht: Du sollst deinen nächsten lieben wie dich selbst!" Ein Schwarzer in der ersten Bankreihe lächelt erfreut den neben ihm sitzenden weißen Mann an, dieser schwitzt und ist sichtlich verstört.

In der Karikatur wird mit der wörtlichen und übertragenen Bedeutung des Wortes „Nächster" gespielt. Der Hellhäutige erkennt, dass mit diesen Worten an ihn ein Anspruch gestellt wird, den er nicht befriedigen möchte. Nicht vom zufällig Nächsten möchte er sich ansprechen lassen, sondern höchstens von einem Nächsten, den er sich selber ausgewählt hat. Offensichtlich hat er sich auf den falschen Platz gesetzt. Außerdem kam er wohl in den Gottesdienst, um sich erbauen zu lassen, und möchte nicht, dass außerhalb der Kirche Anforderungen an ihn gestellt werden. Immerhin merkt er aber – wie auch der Schwarze -, dass zwischen der Botschaft Jesu und seinem Leben ein Zusammenhang bestehen müsste, den er aber nicht herstellen will. So ist ihm mulmig zu Mute? Welche Bedürfnisse aber mag sein Nebenmann haben?

Die Handlung des Gleichnisses Lk 10,30-35 ist relativ einfach. An einer einsamen Stelle einer Durchgangsstraße durch die Wüste wird ein Reisender überfallen, zusammengeschlagen und ausgeraubt. Hilflos bleibt er liegen. Nachdem zwei Vorbeikommende weitergegangen sind, ohne sich um ihn zu kümmern, hält der dritte an, versorgt ihn, bringt ihn zu einer an dem Weg gelegenen Raststätte und initiiert seine weitere Pflege.

Der Dritte hat sich vorbildlich verhalten, das wird jedem heutigen Leser und jedem damaligen Zuhörer Jesu bewusst sein. Brisant wird die Geschichte aber dadurch, dass die Vorbeigehenden ein Priester und ein Levit (Tempeldiener) waren, der Helfer aber ein Samariter. Unter Priester und Levit darf man sich nicht heutige christliche Priester und Küster vorstellen. Es waren damals

Menschen, die ihrem normalen Beruf nachgingen, aber auf Grund ihrer Herkunft die Aufgabe hatten, einen Monat im Jahr Dienst am Tempel in Jerusalem zu leisten. Wenn sie nicht stehengeblieben sind, hatten sie vielleicht einen guten Grund, denn die Berührung mit Blut machte kultisch unrein. Sie hätten ihren Dienst also nicht vollziehen können. War es nicht sogar ihre Pflicht, sich nicht um den Verletzten zu kümmern? Dass aber seine Bedürfnisse auch eine Verpflichtung darstellen, verstehen sie nicht.

Der Samariter ist der Andere, der Ausländer, trotz oder wegen eines Verwandtschaftsverhältnisses. Die Samariter waren ein Mischvolk mit jüdischen und fremdartigen Wurzeln. Sie verehrten auch den Gott Jahwe, hatten aber ihre eigenen Heiligtümer und Riten. Und sie hatten ihr Siedlungsgebiet zwischen den Juden im Norden (Galiläa) und denen im Süden (Judäa). Gerade weil sie nur zur Hälfte Fremde waren, waren die Konflikte besonders eklatant. Mit denen wollte man nichts zu tun haben. Von ihnen erwartete man daher auch keine Hilfe. Und ausgerechnet ein solcher Samariter hilft dem Überfallenen, eine ungeheure Provokation in den Ohren der Zuhörer Jesu.

Eingebettet ist das Gleichnis in ein Lehrgespräch. Dass die Liebe zu Gott und die Liebe zum Nächsten die wichtigsten Gebote sind, darüber sind sich Jesus und seine Gesprächspartner einig. Aber wer ist dieser Nächste, den sie lieben sollen? Das Wort sagt es ja: derjenige, der ihnen nahesteht, der Verwandte, der Freund, vielleicht das ganze Volk Israel oder nur die Gerechten in ihm, weltweit alle Juden? Wo muss da die Grenze gesetzt werden? Jesus dreht die Perspektive um. Aus „wer ist mein Nächster" macht er „Wer … hat sich als der Nächste dessen erwiesen, der von den Räubern überfallen wurde". Die Frage ist nicht, wem ich helfen muss und wem nicht, sondern wer meine Hilfe nötig hat. Die Bedürfnisse der Schwachen geraten in den Fokus der Überlegungen.

Aber ist eine so verstandene Nächstenliebe nicht eine Überforderung? Kann ich den Nächsten lieben, und will ich das überhaupt? Sigmund Freud schreibt in „Abriss der Psychoanalyse" (1940), Liebe sei für ihn etwas Wertvolles, das sich der andere verdienen müsse. Zu einem Fremden könne man aber keine Liebe haben, und Feinden könne man nur mit Hass begegnen.

Einem solchen Verständnis widerspricht Erich Fromm in seinem Buch „Die Kunst des Liebens" (1956). Die Fixierung auf eine bestimmte Person, die man liebt, sei häufig nur „gesteigerter Egoismus". Lieben sei vielmehr eine innere Haltung, eine Grundorientierung, mit der der Liebende auf seine Umgebung eingeht. Menschen zu lieben heißt alle zu lieben, die Liebe zu allem manifestiere sich in liebendem Verhalten gegenüber Einzelnen. Nächstenliebe ist also etwas anderes als ein exklusives Ausströmen bestimmter Hormone. Sie äußert sich in dem

Wunsch, dass es dem anderen gut gehe und dass man bereit sei, ihm dabei zu helfen, wenn er es benötige. Diese Haltung der Liebe entspringt der Überzeugung, dass alle Menschen gleich seien, dass alle trennenden Unterschiede nur ein Oberflächenphänomen seien.

Jeder Mensch stehe grundsätzlich auf eigenen Füßen. Manchmal befinde er sich aber im Zustand der Schwäche, komme ohne Hilfe nicht weiter. So äußere sich Nächstenliebe in der Bereitschaft zur Hilfe für Arme und Fremde. Sie entfalte sich am stärksten, wenn die Hilfeleistung einem selbst keinen Vorteil bringt.

In einer Karikatur (s. Titelbild) sieht man einen Mann, der gleichsam in der Ecke eines Zimmers gefangen ist. Auf den Boden dieses Zimmers hat er in unterschiedlicher Weise immer wieder „Ich" geschrieben. Jetzt hockt er ratlos in der Ecke, aus der er nicht mehr herauskommt.

Das Bild erinnert an die Slapstick-Situation, in der ein Handwerker am Bodenbelag eines Zimmers arbeitet und nicht an der Tür endet, sondern in der gegenüberliegenden Ecke. Wie soll er jetzt noch herauskommen? Wer immer nur sich selber in den Mittelpunkt gestellt hat, engt in ähnlicher Weise sein Leben ein. Weite entsteht nur durch die Orientierung nach außen.

Ginters unterscheidet zwischen Selbstsucht und Selbstliebe. Der Selbstsüchtige (Egoist) habe ausschließlich sein eigenes Interesse im Blick. Alle anderen Menschen nutze er als Mittel zu diesem Zweck.

Wer sich selber liebt, bejahe sein Leben, die Entfaltung seiner Persönlichkeit, spreche seinen Mitmenschen aber die gleiche Entfaltungsmöglichkeit zu. Er finde Freude am Geben und am Nehmen. Jeder Mitmensch, der sie benötigt, verdiene Zuwendung und Hilfe. Es wäre widersinnig, diese Zuwendung nicht auch sich selber zukommen zu lassen. Selbstsorge ist kein Egoismus, sondern die Basis für alles. Nur wenn ich für mich sorge, habe ich die Kraft, mich anderen zuzuwenden. Und wer soll sich sonst um meine Gesundheit, meine Zeit, meine Interessen, mein Wohlbefinden kümmern, wenn nicht zunächst ich selber? Sicher gibt es Situationen, in denen es sinnvoll sein kann, sich für andere zu opfern (Jesus selbst hat das getan), der Normalfall ist das nicht und man sollte auch nicht bewusst danach suchen. Wenn alle ein Lebensrecht besitzen, habe ich das auch.

Die „goldene Regel" kennen wir als Redensart: Was du nicht willst, was man dir tu, das füg' auch keinem andern zu. In ihrer positiven Fassung lautet sie: Behandle andere so, wie du behandelt werden möchtest. Sie formuliert ein Ethos der Mitte und des Maßes, einer Balance zwischen Eigeninteresse und Altruismus. Auch hier ist die Achtung vor sich selber die notwendige Voraussetzung für die Liebe zum Nächsten. Und so weist die goldene Regel auf den anderen hin und behält dabei die Selbstsorge als Maßstab.

Allerdings ist auch diese Regel rein formal; sie formuliert nicht konkret, wie wir uns verhalten sollen. Sollte jemand ein Masochist sein, wäre es problematisch, andere zu behandeln, als wären sie auch welche. Es ist also notwendig, diese Regel durch Werte zu ergänzen, vor allem dem Wert menschlicher Würde.

2.5 Handlungen und ihre Folgen

Grundlage: Dilemma-Geschichten

Im Alltag bewegen wir uns meistens in ausgetretenen Bahnen. Über bestimmte Handlungsweisen und Gewohnheiten müssen wir nicht extra nachdenken. Ethisches Abwägen und Entscheiden wird dagegen in besonderen Konfliktsituationen verlangt. Über solche Situationen nachzudenken, kann helfen, Kriterien für den Ernstfall zu gewinnen, bleibt aber Modell. „Grau, treuer Freund, ist alle Theorie" (Goethe). Ob wir uns im Ernstfall, der uns emotional stärker betrifft, ähnlich entscheiden würden wie in der theoretischen Überlegung, ist keineswegs sicher.

Neben einfachen Konflikten (Stehle oder betrüge ich, um meinen Vorteil zu wahren, wenn das Risiko sehr gering ist?) und Loyalitätskonflikten (Verrate ich einen Freund oder nehme ich entstandenen Schaden für andere Menschen hin?) gibt es die klassischen Dilemma-Geschichten, die freilich häufig sehr konstruiert sind.

Ein Dilemma ist eine Entscheidungssituation mit genau zwei Handlungsmöglichkeiten, die beide negative Folgen haben. Eine Entscheidung muss aber getroffen werden, zumal auch ihr Verschleppen schon ein indirektes Entscheiden bedeutet. Der Psychologe Lawrence Kohlberg (1927-1987) benutzte diese Dilemmata, um Begründungen ethischen Verhaltens zu werten. Er setzte dabei voraus, dass die Dilemma-Situationen nicht eindeutig auflösbar seien, die Menschen sich also unterschiedlich entscheiden könnten. So fällt der Blick einzig auf die Qualität der Begründung.

Das „Heinz-Dilemma": Eine Frau leidet an einer Krebserkrankung, die bisher noch nicht geheilt werden konnte. Ein Apotheker hat einen neuen Wirkstoff entwickelt, der der Frau vielleicht helfen könnte, der aber unerschwinglich teuer ist. Der Ehemann hat erfolglos versucht, genügend Geld aufzutreiben. Soll er in die Apotheke einbrechen, um den Wirkstoff zu stehlen und seine Frau evtl. zu retten?

Im Mittelpunkt des Dilemmas steht die Gewichtung von Werten: Leben wird gegenüber Eigentum als der höhere Wert angesehen. Allerdings müsste man auch die langfristigen Folgen beachten: Wenn sich die Mühe für Pharma-Entwickler nicht lohnen würde, gäbe es bald keine neuen Medikamente mehr. Die Rettung einer Frau könnte also das Sterben vieler Menschen nach sich ziehen. Ob dieses Argument freilich den liebenden Ehemann beeindruckt, ist sehr die Frage.

Gesetze haben in einem Staat ihre Berechtigung, und niemand würde es begrüßen, wenn sein Eigentum angetastet würde. Gegen diese Grundsätze aus persönlichen Gründen, mögen sie auch noch so zwingend sein, zu verstoßen, könnte zu einem Vertrauensverlust innerhalb einer Gesellschaft führen.

Häufig kritisieren Schüler den „Egoismus" des Apothekers und kommen zu dem Schluss, einen derart herzlosen Mann dürfe man bestehlen. Aber hat er nicht ein Recht auf einen Gewinn (s. oben)? Häufig werden auch die Wahrscheinlichkeiten gegeneinander abgewogen: die Wahrscheinlichkeit einer Heilung (die ja nicht sicher ist) und die Wahrscheinlichkeit, dass der Ehemann festgenommen und verurteilt wird.

Viele Schüler versuchen, die Dilemma-Situation aufzulösen, indem z.B. doch noch genügend Geld gesammelt wird. In der Tat erscheint das Dilemma hier etwas konstruiert, denn die Medien geben uns heute zahlreiche Beispiele von spontanen Hilfsaktionen, die z.B. kostspielige Operationen ermöglichen. Dennoch bedeutet eine solche Lösung eine Flucht gegenüber der ursprünglichen Konflikt-Situation und macht deutlich, wie schwierig es ist, sich in einem Dilemma zu entscheiden.

Angeregt durch Schülerbeiträge habe ich einen eigenen Lösungs-ansatz (freilich ebenfalls als eine Art dritten Weg) entwickelt: Ich gebe den Zeitungen ein Interview und lasse sie veröffentlichen, dass ich zu einem bestimmten Zeitpunkt in die Apotheke ein-brechen werde. Ich beginne dann, fotografiert von den wartenden

Journalisten, meinen Einbruch und lasse mich von der Polizei festnehmen. Durch diese Aktion könnte ein öffentlicher Druck entstehen, ohne dass ich wirklich das Eigentum eines anderen Menschen angegriffen hätte. Eine Garantie auf den Erfolg gibt es freilich nicht (was aber für andere Lösungen auch gilt).

Noch konstruierter ist das Trolley-Problem: Ein führerlos gewordener Straßenbahnwagen saust einen Abhang hinab und würde fünf Personen überfahren. Man könnte noch eine Weiche umstellen, dann würde „nur" eine Person überfahren. Hier kommt plötzlich die Mathematik ins Spiel: Wenn es ein Wert ist, Menschenleben zu retten, dann sind fünf Personen wertvoller als eine Person. Derjenige, der die Weiche umstellt, trägt freilich aktiv zum Sterben der einen Person bei. Aber ist keine aktive Reaktion nicht auch schon eine Handlung mit Folgen?
Noch spannender würde das Beispiel, wenn man beginnen müsste, Menschenleben zu werten, z.B. fünf alte, sehr kranke Menschen gegen ein Kind. Oder man erkennt in der einen Person einen wichtigen Politiker oder einen Nobelpreisträger. Haben Menschen doch einen unterschiedlichen Wert, und kann man die entstehenden Folgen einschätzen? Und was ist, wenn es sich um meine eigene Großmutter handelt? Hier kommen wir in ganz problematische Bereiche.

Dilemma-Situationen treten zum Glück sehr selten auf, können aber durchaus zur Realität werden. Ein schwer leidender Patient bittet seinen Arzt um eine tödliche Dosis Morphium. Soll sich der Arzt für seinen Eid und das Tötungsverbot entscheiden oder für den freien Willen seines Patienten und die Linderung seines Leidens? Sich nicht zu entscheiden, käme einer Entscheidung gegen eine Sterbehilfe gleich. (vgl. 3.4)

Darf ein Polizist dem mutmaßlichen Entführer eines Kindes Gewalt androhen, um den Aufenthaltsort des Kindes zu erfahren und es zu retten? Solche Konfliktsituationen sind in den Werken Ferdinand von Schirachs Gegenstand von Gerichtsverhandlungen.

2.6 „Der Zweck heiligt die Mittel" oder „Pflicht ist Pflicht"

Grundlage: Eberhard Amelung: Utilitarismus und deontologische Ethik
Otfried Höffe: Teleologie und Deontologie in unserer Zeit

Wie kann man sich in Konfliktsituationen richtig entscheiden? Wie kann man seine Entscheidungen begründen? In der Ethik werden zwei Grundmuster solcher Begründungen unterschieden, das teleologische und das deontologische. Der Utilitarismus wiederum ist der teleologischen Ethik zuzuordnen.

Handlungen haben Folgen, Konsequenzen. Griechisch telos bedeutet Ziel, Zweck. Nach Ansicht der Teleologen ist also die durch eine Entscheidung hervorgerufene Wirkung das wichtigste Kriterium für richtiges Handeln. Da es erstrebenswert sei, Lust (Glück) zu vermehren, Leid zu verringern, sei – auch in Konfliktsituationen – ein Verhalten richtig, das mehr Lust als Leid hervorbringe. Die Utilitaristen (utilis = nützlich) legen dabei Wert darauf, dass nicht nur das Glück des Handelnden gefördert, sondern die Wirkung bei allen Betroffenen berücksichtigt wird (Universalisierungsprinzip). Es geht also um das größtmögliche Glück der größtmöglichen Zahl von Menschen. Begriffe wie Glück oder Lust benennen in sich wertvolle Güter, werden aber durchaus unterschiedlich gefüllt.

Der Utilitarismus erhebt den Anspruch, konkurrierende Güter mit rationalen Methoden abzuwägen und deshalb zu nachvollziehbaren Ergebnissen zu gelangen. Allerdings sind Beurteilungen immer subjektiv. Weder sind die Wirkungen von Handlungen vollständig vorherseh- und planbar, noch müssen die Vorstellungen von Glück und Wohlergehen bei den Betroffenen dieselben sein wie beim Handelnden. Wäre es z.B. für ein behindertes Kind besser, vorher abgetrieben zu werden? Der Anspruch, sich in eine Person hineinzuversetzen, die sich selber nicht äußern kann, bleibt höchst problematisch.

Das wichtigste Kriterium der deontologischen Ethik ist nicht die Folge der Handlung, sondern die Gesinnung, die Motivation des Handelnden. Griechisch deon bedeutet Pflicht. Wir seien verpflichtet, uns gut, d.h. nach sittlich hochstehenden Maßstäben, zu verhalten. Nach Immanuel Kant (1724-1804) ist der wichtigste Maßstab der „kategorische Imperativ", der fordert, dass es wünschenswert sein müsse, dass die Richtschnur des eigenen Handelns jederzeit von allen anderen übernommen werden könne. Wenn z.B. jemand in der Straßenbahn fährt, ohne zu bezahlen, so ist es zwar möglich, dass er einen kurzfristigen Vorteil gewinnt, wenn aber niemand in der Bahn bezahlte, dann würde sie bald nicht mehr fahren können. Der Vorteil des Betrugs ist also nicht verallgemeinerbar. Oberstes Prinzip der Deontologen ist die Menschenwürde, die nicht verhandelbar ist. Sie erfordert, dass andere Menschen nicht als Mittel zum Zweck missbraucht werden dürfen, sondern immer schon als Zweck in sich wahrgenommen werden sollen.

Die große Stärke des deontologischen Ansatzes ist dieses Festhalten an der unantastbaren Würde des Menschen. Sollten sich aber in einer Konfliktsituation verschiedene Pflichten gegenüberstehen, bietet eher der Utilitarismus wichtige Kriterien für eine vernünftige Entscheidung.

In einer Zeit, in der die Menschen nach Autonomie streben, wird der Utilitarismus immer beliebter, denn er verzichtet auf überkommene Regeln der Religion oder anderer Autoritäten und gibt die Suche nach Glück in die Hände der Suchenden. Ziel ist es daher auch, die Bedürfnisse heutiger säkularer (weltlicher)

Menschen zu verwirklichen und nicht auf den späteren Himmel zu verweisen. Zudem berücksichtigt der Utilitarismus, dass sich Regeln menschlichen Verhaltens unter veränderten gesellschaftlichen Verhältnissen ändern bzw. weiterentwickeln können. Er versucht, für jede Entscheidung eine rationale Begründung zu finden.

Auch wenn Deontologen und Utilitaristen sich in ihrem Ansatz radikal unterscheiden, kommen sie in den meisten Fällen zu denselben Ergebnissen, d.h. zu Handlungsregeln, die ethisch vertretbar sind. Das hängt vor allem damit zusammen, dass auch der kategorische Imperativ die Folgen der Handlung mit einschließt (vgl. mein Beispiel des Schwarzfahrens). Die Utilitaristen wiederum gehen bei der Berücksichtigung der Folgen für möglichst viele Menschen über den Bereich der bloßen Nützlichkeit hinaus. Es gibt allerdings auch Konfliktfelder, in denen sich die Folgerungen für moralisches Verhalten deutlich unterscheiden (vgl. den dritten Teil).

Tatsächliches menschliches Verhalten vollzieht sich in der Schnittstelle intuitiven Entscheidens und ethischer Überlegungen. Man muss erwarten (und in der Regel auch akzeptieren), dass Betroffene sich in einer Konfliktsituation häufig anders entscheiden, als ihre Theorie es vorgab, denn nun sind sie emotional und sozial betroffen. Wichtig ist daher immer, zwar ethisch zu argumentieren, aber die Menschen mit ihren

Handlungen dann anzunehmen und sie bei den Folgen zu begleiten. Christliche Nächstenliebe fordert nicht zu richten, sondern zu helfen.

Wie beim Dekalog (2.3) beschrieben, sind „göttliche Gebote" Grundregeln, die das Zusammenleben der Menschen überhaupt erst ermöglichen. Da Gott dem Menschen die Entscheidungsfähigkeit gegeben hat, müssen auch diese Regeln rational verstehbar sein. Ein Gebot ist nicht deshalb gut, weil es vermeintlich von Gott kommt (und häufig nur von der Kirche formuliert wurde), sondern weil es den Menschen hilft, menschenwürdig zu leben, ist es auch im Sinne Gottes. Die Maßstäbe und die konkrete Ausformung menschlichen Verhaltens können sich aber im Laufe der Zeit verändern (z.B. im Verständnis der Sexualität).

Eine ethische Argumentation ohne Berücksichtigung der Folgen einer Handlung kann nicht sinnvoll sein. So darf man nicht am Verbot des Lügens festhalten, wenn die Wahrheit zum Leiden zahlreicher Menschen (z.B. bei politischer Verfolgung) beitragen würde. Wichtig ist, den Blick auf die Folgen nicht nur auf die eigene Person zu beziehen, sondern die erwartbare Wirkung auf möglichst viele Menschen zu beleuchten, und zwar auch die langfristige. Natürlich ist es oft schwierig vorauszusehen, welche Folgen eine Handlung tatsächlich hat, doch sollten wir zumindest versuchen, unser Handeln vor der Zukunft zu verantworten.

Das Wohlergehen der anderen Menschen im gleichen Maße zu berücksichtigen wie das eigene Wohl ist ein Gebot gerechten Verhaltens. Hierbei sollten Bedürftige stärker berücksichtigt werden als andere.

3 Auf Leben und Tod (Konfliktfelder der Bioethik)

3.1 Menschliches Leben (Ethische Standpunkte)

Grundlage: Informationsblatt: Positionen in der Medizinethik
Peter Singer: Praktische Ethik

Die traditionelle katholische Haltung zum menschlichen Leben orientiert sich am SKIP-Modell (nach den jeweiligen Anfangsbuchstaben der Aspekte): Der Embryo gehört von Anfang an zur **Spezies** Mensch, verdient also dieselbe Würde und denselben Schutz wie jeder andere Mensch. Die Entwicklung des Embryos vollzieht sich **kontinuierlich**. Eine Abstufung, die einen Einschnitt in der ethischen Beurteilung ermöglichen würde, gibt es nicht. Auch die Geburt selber ist Teil dieses kontinuierlichen Prozesses. Der Mensch im Mutterleib ist mit dem Geborenen **identisch**, es handelt sich nicht um etwas Anderes. Schließlich besitzt jede befruchtete Eizelle das **Potential**, sich zu dem vollständigen Menschen zu entwickeln.

Die christliche Morallehre verbietet das direkte Töten Unschuldiger. Allerdings bleibt der rein formale Begriff

„Unschuldige" schwammig und dient lediglich dazu, die „erlaubten" Tötungsarten (Notwehr, Todesstrafe, Krieg) in der Bestimmung auszuschließen. Ebenso hat die Unterscheidung von direkter und indirekter (z.B. durch schmerzlindernde Medikamente, die zugleich den Tod beschleunigen) Tötung rein instrumentalen Charakter. Beide Handlungsweisen führen zum Tod, wie auch das Sterbenlassen, z.B. durch das Abschalten der Beatmungsmaschine. Die deontologische Argumentationsweise der christlichen Moraltheologie akzeptiert also von Anfang an Ausnahmen. Das macht deutlich, dass die Erhaltung des Lebens nicht in jeder Situation als der höchste Wert angesehen werden kann.

Mit Berufung auf das solidarische Leiden Jesu Christi ist es ein Anliegen des Christentums, gerade die Schwachen und diejenigen, die nicht selber für sich sprechen können, zu schützen. Es kritisiert zugleich die zunehmende Tendenz heutiger Menschen, das Leben nur nach seinen Annehmlichkeiten zu beurteilen und Menschen, die ihre Autonomie nicht leben können, das Recht auf Leben, Schutz und Hilfe abzusprechen. Es entstehe ein gesellschaftlicher Druck, Leiden und Behinderung auszurotten und den Menschen zu optimieren.

Der Theologe Hans Grewel vermutet, dass die Intention, Menschen Leiden zu ersparen, häufig als Alibi dafür dient, sich mit diesem Leiden nicht auseinandersetzen zu müssen. Dabei informierten sich die Menschen gar nicht, ob sich z.B. Behinderte unglücklich fühlen bzw. wie sie zu ihrer Existenz stehen. Ziel sei vielmehr, möglichst ungestört und unverändert weiterzuleben. Dabei gebe es in strengem Sinne autonomes Leben gar nicht. Wir sind immer schon auf andere bezogen und von ihnen abhängig. Leiden sei ein Beziehungsbegriff. Es werde durch die ausschließende Reaktion der Umwelt erzeugt, nicht durch die Behinderung selber, die durchaus in das Selbstverständnis integriert werden könne.

Der Theologe Joseph Fletcher geht vom biblischen Liebesgebot aus. Da der Auftrag der Christen darin bestehe, die Liebe unter den Menschen zu mehren, könne man nur situationsbedingt abwägen und müsse den Bedürfnissen den Vorrang gegenüber abstrakten Rechten geben. Die Ethik solle nicht nach der Heiligkeit des Lebens, sondern nach dessen Qualität fragen. Es sei wertvoller, eine Person zu sein als einfach nur am Leben zu sein. Dabei müssten Abtreibung und Euthanasie auf der gleichen Ebene diskutiert werden.

Einen ähnlichen Zusammenhang sieht der Philosoph Hans-Martin Sass. Da die Medizin das Ende des Lebens durch den Hirntod definiert, müsse man auch den Beginn des Menschseins in dem Beginn aktiver Hirntätigkeit erkennen. Alles, was menschliches Leben ausmache, werde durch das Erleben des Gehirns bestimmt. Sass sieht daher etwa am 57. Tag nach der Verschmelzung von Ei- und Samenzelle den entscheidenden Einschnitt, weil sich zu diesem Zeitpunkt das Gehirn entwickelt. Vor dem 57. Tag könne man unbedenklich Genomuntersuchungen bzw. Abtreibungen durchführen, danach sei eine Güterabwägung notwendig.

Sass plädiert dafür, Einzelfallentscheidungen zu treffen. Es sei in einer pluralen Gesellschaft nicht Aufgabe des Staates, rigide Regeln aufzustellen. Stattdessen müsse die Kompetenz der Bürger, im Konfliktfall Güter abzuwägen, gestärkt werden. Das gelte auch für die Verwendung neuer technischer Verfahren.

Die Position eines negativen Utilitarismus vertritt Günter Ropohl. Das Ziel, Leiden zu verhindern, sei wichtiger als das Ziel, Glück zu steigern. Daher müsse man Minimalwerte und Steigerungswerte unterscheiden. Entbehrliche Glückssteigerungen dürften nicht mit menschenrechtsverletzenden Übeln bezahlt werden.

Umstritten ist die Position des australischen Philosophen Peter Singer. Er unterscheidet zwischen der Zugehörigkeit zu der Spezies „homo sapiens" und dem Begriff „Person". Zur Person, d.h. dem vollen Menschsein, gehörten Selbstbewusstsein, Kommunikationsfähigkeit, Sinn für Vergangenheit und Zukunft. Diese Fähigkeit, z.B. „ich" zu sagen, entwickle das Kind aber erst mit etwa zwei Jahren. Das ungeborene oder das neugeborene Kind ebenso wie z.B. ein Mensch im Langzeitkoma oder starker Demenz hätten sie nicht. Sie zu töten, hätte nicht denselben Stellenwert wie das Töten eines bewussten Menschen.

Wenn ich einen Menschen töte, der ein bewusstes Bild vom Leben und eine Vorstellung von seiner Zukunft hat, dann durchkreuze ich ihm diese Wünsche, ich nehme ihm etwas weg, das für ihn wichtig ist. Das geschieht bei dem sich nicht bewussten Glied der Gattung nicht. Auch da handele es sich um die Tötung eines lebendigen Wesens, die aber auf derselben Stufe stehe wie die Tötung eines Tieres, das ja auch kein Selbstbewusstsein besitzt. Hier einen Unterschied zwischen menschlicher Spezies und Tier zu machen, wäre ein artspezifischer „Rassismus". Es sei eine Folge der christlich-abendländischen Tradition, dass der Mensch eine besondere Beziehung zu Gott habe und damit aus der Schöpfung herausrage. Obwohl der Gottesglaube immer weniger die Gesellschaft bestimme, habe sich diese Exklusiv-vorstellung vom Menschen bis heute festgesetzt.

Säuglinge unterschieden sich von noch nicht Geborenen im Grunde nur darin, dass man sie sieht und dass sie einen Beschützerinstinkt bei ihren Eltern (und anderen Erwachsenen) auslösen. Diesen Vorteil hätten Ungeborene (trotz der Ultra-schallfotos) nicht. Andererseits kann man bei Kleinkindern feststellen, ob sie schwerwiegende Behinderungen haben, was man bei Embryos häufig nur vermuten kann. Wenn es also erlaubt ist, Ungeborene abzutreiben, wäre es viel vernünftiger, die Geburt abzuwarten und dann das kleine Kind zu töten, falls es behindert ist. Es entspricht Singers utilitaristischer Konzeption, dass das Glück, dass die Familie durch die Geburt eines weiteren, gesunden Kindes empfände, das Leid des getöteten Kindes aufwiegen würde. Solange das Kind noch kein Selbstbewusstsein besitzt, sei es prinzipiell ersetzbar. Dass es später einmal Selbstbewusstsein gewinnen wird, sieht Singer nicht als Argument an. Entscheidend sei vielmehr die emotionale Einstellung der Eltern zu einer Behinderung des Kindes. Manche Eltern seien bereit und in der Lage, sich darauf einzulassen, andere nicht.

Dass Neugeborene sich von noch Ungeborenen nur darin unterscheiden, dass sie sichtbar sind und Schutzinstinkte auslösen, darin stimme ich Singer zu. Allerdings würde ich die umgekehrte Konsequenz ziehen. Föten haben kein Selbstbewusstsein, sie besitzen aber Emotionen und Schmerzempfinden. Sie abzutreiben, verursacht großes Leid, über das sich manche Mutter vielleicht nur ungenügend Gedanken macht.

3.2 Leben vernichten? (Schwangerschaftsabbruch)

Grundlage: Film: Faszination Liebe
Arbeitsblätter: Schwangerschaftsabbruch

Der Film „Faszination Liebe" aus der Reihe „Das Wunder des Lebens" zeigt die Entwicklung des Kindes von der liebenden Vereinigung eines Paares bis zur Geburt. Der schwedische Fotograf und Filmemacher Lennart Nilsson zeigt mit einmaligen, faszinierenden Aufnahmen im Innern des weiblichen Körpers das Wachsen des Embryos und die Entwicklung wichtiger Organe. Ich kann hier keine ausführliche Beschreibung vorlegen, doch wird die kontinuierliche und zielgerichtete Entwicklung des Heranwachsenden deutlich. Es wäre wünschenswert, dass sich Schwangere in Konfliktsituationen, aber auch die Menschen ihrer Umgebung, anhand solcher Aufnahmen bewusst machen, wer da eigentlich getötet werden soll. Der Embryo bzw. Fötus als das schwächste Glied sollte ein Gesicht bekommen.

Ein Arzt, der den 4-5 cm langen Körper des Ungeborenen mit einem Teil der Gebärmutter-Hautschicht ans Tageslicht geholt und in eine Nierenschale gelegt hat, schildert, was er sieht: *„Der Embryo, dem man auch im zweiten und dritten Schwangerschaftsmonat schon deutlich ansieht, dass er ein Menschlein ist, schlägt für einige Sekunden voller Verzweiflung über das ihm widerfahrene Schicksal mit seinen Gliedern um sich, macht mit der Mundspalte vergebliche Atmungsversuche, ehe sein eben*

noch rosiger Körper leichenblass wird, ein Zittern über ihn geht,
sein Herz aufhört zu schlagen und er seine Ärmchen und Bein-
chen zum letzten Male ausstreckt."

Eine extreme Position in der Abtreibungsfrage nahm die amerikanische Philosophin Judith J. Thomson ein. Sie spricht dem Embryo zwar ein eigenständiges Lebensrecht zu, doch sei die Mutter nicht verpflichtet, ihm neun Monate lang ihren Körper zur Verfügung zu stellen. Er erscheine als (möglicherweise ungebetener) Gast, der großzügiger Weise beherbergt werden kann, aber nicht muss. Eine ähnliche Einstellung wird in dem feministischen Slogan „Mein Bauch gehört mir" deutlich.

Dieser Auffassung widerspricht die besondere Nähe zwischen Mutter und Kind. Es ist eben nicht irgendjemand, der sich da im weiblichen Körper einnistet. Es entspricht unserem Rechts-bewusstsein, dass Menschen für die Folgen einer Tat Verantwortung übernehmen müssen. Das gilt für den Geschlechtsverkehr auch dann, wenn es sich nicht um ein Wunschkind handelt (wobei eine Vergewaltigung allerdings anders bewertet werden muss). Die Verantwortung betrifft in gleicher Weise den Vater des Kindes. Daraus, dass die Eltern das Kind in die Welt gesetzt haben, ergibt sich die Pflicht, es zu nähren und zu schützen.

Auf der anderen Seite des Konflikts steht die, häufig sehr junge, Mutter, die ihre Lebenspläne ge- bzw. zerstört sieht und evtl. noch zusätzlichen Druck durch ihre Umwelt erleben muss. Vor allem, wenn der Kindsvater sich jeglicher Verantwortung zu entziehen versucht, fühlt sie sich allein gelassen und der von ihr geforderten Entscheidung nicht gewachsen. Der innere Konflikt, der dadurch entstehen kann, wird in folgendem Statement deutlich:

"Jetzt ist es bereits über einen Zentimeter groß, und ich sah sogar das kleine Herz auf dem Monitor schlagen. Es zerbrach mir beinahe mein Herz. [...] Meine Gründe, weshalb ich abtreiben würde, sind, dass ich mir eine Familie wünsche, und dazu gehört ein Mann, auf den ich mich verlassen kann, der hinter mir steht. Ich wünschte mir, alles zu planen. Ich möchte noch frei und ungebunden sein. Ich möchte eine gewisse Sicherheit. Und ich bin noch nicht wirklich bereit für eine solche Veränderung in meinem Leben. Dennoch habe ich es schon sehr liebgewonnen. Ich widerspreche mir in jedem Satz, und genau darum weiß ich nicht, ob meine Entscheidung, die ich treffen werde, jemals richtig sein wird."

Seit 1995 kann ein möglicher Schwangerschaftsabbruch zwei unterschiedliche Grundlagen haben. Ein Eingriff nach einer kriminologischen (nach einer Vergewaltigung, bis zum Ende der 12. Woche) oder medizinischen Indikation (bei Gefährdung der Gesundheit der Mutter, ohne zeitliche Befristung) ist legal und wird von den Krankenkassen bezahlt. Ein Eingriff ohne eine solche Indikation ist rechtswidrig, wird aber nicht bestraft, wenn er frühestens drei Tage nach einer vorgeschriebenen Beratung stattfindet und innerhalb der ersten 12 Wochen nach der Empfängnis erfolgt.

Der Abbruch wird entweder durch Medikamente, die den Embryo abstoßen (ein künstlich eingeleiteter Abort) oder durch Absaugen durchgeführt. Die Verwendung der Medikamente darf nur bis zum Ende der 7. Schwangerschaftswoche erfolgen.

Die deutsche Rechtsprechung (§ 218, Neufassung von 1995) versucht, der Konfliktlage durch einen Spagat zwischen zwei Interessen gerecht zu werden. Einerseits will sie die Rechte des Ungeborenen schützen und betont, dass ihm von Anfang an das Recht auf Leben zukommt. Andererseits wird sie der Notlage der Frau gerecht und gesteht ihr eine autonome Entscheidung zu. In der Tat ist es ein Fortschritt, dass abtreibende Mütter nicht mehr kriminalisiert werden und sich nicht Kurpfuschern aussetzen müssen. Im Hintergrund steht dabei auch der Gedanke, dass die Illegalität keineswegs eine geringere Anzahl an Abbrüchen gewährleistet.

Die Position der Kinder wird durch die Schwangerschaftsbera-tungsstellen vertreten. Sie sollen zu einem Austragen des Ungeborenen ermutigen und konkrete Hilfsangebote aufzeigen. Das Gespräch soll aber ergebnisoffen geführt werden und der Frau eine eigene, verantwortliche Entscheidung ermöglichen.

Dass sich Einrichtungen der katholischen Kirche von den Schwangerschaftsberatungen zurückgezogen haben, ist einerseits verständlich, weil der Beratungsschein den Zugang zur Tötung Ungeborener eröffnet, andererseits sehr zu bedauern, weil die Kirche hier eine wichtige Hilfe in der Not verweigert.

In der philosophischen Diskussion steht neben der kirchlichen Auffassung vom Lebensrecht des Embryos von Anfang an eine liberalere Auffassung, die mit der Funktionstüchtigkeit des Gehirns bzw. dem Beginn des Schmerzempfindens argumentiert. Das Gehirn entwickelt sich ab ca. dem 33. Tag und ist in der Regel ab der 10. Woche funktionstüchtig, wenn sich die Synapsen zwischen den Nervenzellen bilden. Etwa ab der 24. Woche sind Seh- und Hörzentren aktiv. Ab der 27. Wochen werden die Lungen atmungsfähig. Unter Umständen könnte das Kind jetzt schon außerhalb des mütterlichen Körpers überleben.

Bei einer medizinischen Indikation steht möglicherweise das Leben des Kindes gegen das Leben der Mutter (und evtl. des Kindes). Hier wäre das weiter entwickelte Leben mit zahlreichen sozialen Beziehungen vorzuziehen. Im Falle einer Vergewaltigung ist der Mutter in der Regel nicht zuzumuten, Verantwortung für ein Kind zu übernehmen, an deren Zeugung sie nicht freiwillig beteiligt war, wenn auch das Kind keine Schuld an der Gewalttat trifft und damit selbst zum Opfer wird. In allen anderen Fällen muss eine Güterabwägung vorgenommen werden, bei der dem Kind meiner Meinung nach ein gewisser Vorrang gebührt. Dabei sollte auch eine Adoption nach der Geburt als Möglichkeit bedacht werden.

3.3 Leben werten? (Pränatale Diagnostik)

Grundlage: Karikatur: Perfect World
           Fernsehsendung: Mörderische Diagnose

Auf der Karikatur „Perfect World" sieht man ein Ehepaar, das einen Rollstuhl mit einem Kleinkind einen Weg entlang schiebt. Es begegnet einem Mann, der sich etwas unwirsch das Kind anschaut und sagt: „Behindert? … Liebe Leute!! Hätten Sie doch aussortieren können!!" Das Bild zeigt das fehlende Verständnis von Teilen der Bevölkerung. Wenn uns die moderne Diagnostik ermöglicht, schon vor der Geburt Behinderungen zu erkennen, warum nutzen die Eltern dann nicht die Möglichkeit zur Abtreibung? Handeln sie nicht unverantwortlich, wenn sie einfach den Kopf in den Sand stecken und das Kind zur Welt bringen?

Die Sendung „Mörderische Diagnose" stellt an Einzelfällen die Problematik der Pränataldiagnostik dar, die – bei positivem Befund – Mütter in zusätzliche Konflikte stößt und Druck ausübt, die (eigentlich gewollte) Schwangerschaft abzubrechen. Der 1995 geänderte § 218 (vgl. 3.2) habe, entgegen seiner Intention, zu einer Schwächung der Position „behinderten" menschlichen Lebens geführt und verstärke die gesellschaftliche Tendenz, nur noch gesundes menschliches Leben zu akzeptieren.

Als Pränataldiagnostik bezeichnet man jede Untersuchung des Embryos bzw. Fötus im Mutterleib, also Ultraschalluntersuchungen oder Bluttest der Mutter ebenso wie Fruchtwasseruntersuchung oder die Entnahme einer Probe aus der Plazenta bei sogenannten Risikoschwangerschaften. Mindestens die Einfacheren dieser Untersuchungen erscheinen heute unentbehrlich, um die Geburt ohne Risiko durchführen zu können, und entsprechen dem mütterlichen (elterlichen) Wunsch zu wissen, dass alles in Ordnung ist. Sie dienen also der Geburt eines gesunden Kindes. In der Tat kann 97 % aller schwangeren Frauen diese frohe Botschaft gegeben werden. Von den verbleibenden 3 %, deren Fötus eine schwere Behinderung vermuten lässt, wählen 90 % den Weg der Abtreibung. Da die Prognosen teilweise unsicher bleiben, werden aber auch potentiell kranke, in Wahrheit gesunde Kinder abgetrieben. Bei der Entnahme aus der Plazenta besteht zudem ein Risiko bis zu 1,5 %, dass der Embryo dabei abstirbt.

Je mehr Testmöglichkeiten auf dem Markt sind, umso größer wird auch die Nachfrage. Da aber auch die Möglichkeiten zunehmen, Kinder schon im Mutterleib zu therapieren, steigt einerseits die Anzahl diagnostizierter Erkrankungen, andererseits können die

Eltern bei bestimmten Krankheiten beruhigt werden. Die Anzahl der Schwangerschaftsabbrüche bei positiven Befunden hat sich tatsächlich verringert.

Die Wartezeit von zwei oder drei Wochen auf einen Befund bei möglichem Risiko verändert allerdings das Verhältnis der Mutter zum Kind. Da sich die Mütter nicht sicher sind, ob sie ihr Kind behalten können bzw. wollen, verharren sie in einem Wartezustand, ohne sich emotional auf das Kind einzulassen. Sie bereiten sich noch nicht auf die Zeit nach der Geburt vor, erzählen auch häufig ihren Angehörigen noch nicht von der Schwangerschaft. So entwickelt sich eine „Schwangerschaft auf Probe".

Ebenso verändert sich die Einstellung der Gesellschaft zur Krankheit. Während früher Krankheiten therapiert wurden, die aufgetreten waren und die Lebensqualität des Patienten gefährdeten, spielen heute zunehmend präventive Maßnahmen eine Rolle. Neben die Gesunden und die Kranken treten nun die potentiell Kranken, deren Beeinträchtigung nur noch nicht ausgebrochen ist. So werden Krankheiten und Behinderungen als vermeidbarer Sonderfall angesehen. Der völlig funktionsfähige Körper wird zum Ideal, jede Abweichung wird dem Kranken bzw. seinen Eltern zum Vorwurf gemacht.

Zugleich wachsen die Ansprüche. In einigen Ländern wie Indien und China, aber auch schon in den USA und Russland werden die Diagnosemethoden zur Wahl des Geschlechts angewandt.

Weibliche Föten werden abgetrieben. Genuntersuchungen spielen bei Einstellungsgesprächen oder beim Beitritt in eine Krankenkasse eine Rolle. Es gibt schon Berechnungen, dass die Diagnostik gegenüber den medizinischen Kosten eines behinderten Kindes eine Ersparnis von 66 % bringt.

So gerät die negative, ausschließende Diagnostik während der Schwangerschaft immer mehr in den Bereich positiver Eugenik mit dem Ziel, ein Kind hervorzubringen, das den Vorstellungen der Eltern gerecht wird. Deutlich wird das Bild, das der Humangenetiker Wendt verwendet: *„Die gegenwärtige Situation der Behindertenhilfe lässt sich vergleichen mit der Situation eines Menschen, der sich mit wachsendem Eifer bemüht, das Wasser aus einem Keller zu schöpfen, der aber überhaupt nicht daran denkt, zugleich die defekte Wasserleitung, so gut es geht, zu verstopfen."*

Als weitgehend gesunde Menschen neigen wir zu der Annahme, dass „Behinderte" mit ihrem Leben unzufrieden und unglücklich sind. Das wird im Einzelfall auch so sein. Zum Beispiel hat ein Behinderter in Frankreich den Arzt verklagt, weil dieser ihn nicht abgetrieben hat, und hat Recht bekommen. In vielen Fällen wird ein Leben mit Beeinträchtigungen aber erst durch die Reaktionen und die fehlende Hilfe der Umgebung zur Behinderung.

Behinderte Kinder bedürfen einer größeren Zuwendung der Eltern, vermitteln diesen aber oft eine erfüllende Erfahrung. Auch dazu zwei Zitate: *„Unsere Kinder können vielleicht nicht laufen oder nicht so schnell lernen wie andere. Sie brauchen oft mehr Hilfe, Pflege und Zeit. Aber sie haben ihre eigenen Talente und das schönste Lachen der Welt. Sie sind etwas ganz Besonderes, wir können viel von ihnen lernen. Ich habe ein solch besonderes Kind...“* Das zweite Zitat kommt von der Schauspielerin Angela Winkler, die eine Tochter mit Down-Syndrom hat: *„Wenn sie Schmerz hat, zeigt sie den, wenn sie glücklich ist, drückt sie das aus ... Sie versuchen nicht, ‚irgendwie‘ zu sein. Sie sind, wie sie sind. Sie sind entschieden, spielen miteinander ganz konkret und wahr und verbreiten gute Laune. Wir sind geprägt von Rücksichten und Vorsichten, das macht grau und undifferenziert. Sie spielen einfach mit Laune, mit Mut, mit Konzentration.“*

3.4 Leben planen? (Präimplantationsdiagnostik)

Grundlage: Spielfilm: Gattaca (Ausschnitt)
Schema: Was geschieht bei der Präimplantationsdiagnostik?
Hans Schuh: Die Zukunftstechnik PID könnte viel Leid lindern
Volker Stollorz: Die PID beschwört eine neue herauf
Zeit-Interview mit Jeffrey Steinberg: Designerbaby auf Bestellung
Jodi Picoult: Beim Leben meiner Schwester

Der Fortpflanzungsmediziner Thomas Katzorke sagte auf einer Tagung: „Kinder sind zu wichtig, als dass man sie dem zufälligen Zusammentreffen von Sperma und Eizelle überlassen könnte.“ Dieser pointiert formulierte Satz macht nicht nur den Anspruch der

Fachleute deutlich, mehr dürfen zu wollen, sondern formuliert wahrscheinlich auch die Sicht vieler Ehepaare, die ihren Kinderwunsch ohne das damit verbundene Risiko erfüllen möchten.

Ihm widersprach auf derselben Tagung der Genetiker Martin Hrabé de Angelis: „Die Verschiedenheit der Menschen macht die Gesellschaft aus. Was wir heute ausmerzen wollen, kann der Überlebensfaktor in 50 Jahren sein."

Der Spielfilm „Gattaca" zeigt eine Gesellschaft, in der Katzorkes Vorstellungen bereits verwirklicht sind. Vincent, die Hauptperson, wurde auf die herkömmliche (natürliche) Weise gezeugt. Sekunden nach seiner Geburt zeigt eine Blutuntersuchung eine negative gesundheitliche Prognose: Weder sein Herz-Kreislaufsystem noch seine psychischen Tendenzen lassen ein langes, erfolgreiches Leben wahrscheinlich sein. Beim nächsten Sohn, Anton, nehmen die Eltern daher lieber die Dienste des Hausgenetikers in Anspruch. Aus einer größeren Anzahl befruchteter Eier wählt der Mediziner mit den Eltern das „richtige" aus: „… dieses Kind ist immer noch von Ihnen. Nur eben das Beste von Ihnen." Auf diesen Sohn, der z.B. viel schneller wächst und ein guter Sportler ist, sind die Eltern stolz, der Ältere Vincent wird dagegen mit aller Vorsicht behandelt und bekommt seine „Unterlegenheit" zu spüren. Auch die Krankenversicherung ist nicht bereit, ihn aufzunehmen.

Vincent beschäftigt sich seit seiner Kindheit mit Astronomie und möchte Astronaut werden und neue Welten (den Mars) entdecken. Um dieses Ziel zu erreichen, trainiert er eifrig seinen Körper. In einer Schwimm-Herausforderung, in der er immer gegen seinen Bruder verloren hatte, zeigt er sich jetzt überlegen und zieht den völlig entkräfteten Bruder aus dem Wasser. (Um sein Ziel zu erreichen, muss er aber später noch betrügen und sogar morden. Denn sein Blut mit der negativen Genprognose hat sich ja nicht verändert.)

Der Filmausschnitt macht deutlich, dass die Analyse der Gene zwar bestimmte Tendenzen wahrscheinlich werden lässt, dass aber die Lebensweise durchaus Einfluss auf die vorhergesagte Zukunft nehmen kann. Vor allem aber wird uns eine Gesellschaft gezeigt, in der unterschiedliche gesundheitliche Prognosen unterschiedliche Lebenschancen eröffnen und sich so eine extreme Klassengesellschaft etabliert.

Die Präimplantationsdiagnostik (PID) kann bei In-Vitro-Fertilisation (Zeugung im Reagenzglas) angewandt werden. In einem sehr frühen Zeitpunkt der Entwicklung (in der Regel im Achtzellstadium) werden ein oder zwei Zellen entnommen und untersucht. (Die verbleibenden Zellen können sich noch zum vollständigen Menschen entwickeln.) Sollten bei dieser Untersuchung genetische Fehler gefunden werden, die mit einer bekannten Krankheit oder Behinderung verbunden sind, kann der

Embryo vor der Verpflanzung in die Gebärmutter der Frau gegen einen anderen ausgetauscht werden.

Seit 2011 ist die PID in Deutschland in Ausnahmefällen erlaubt, wenn ein bekanntes, sehr hohes Risiko auf eine vererbte Krankheit vorliegt, beispielsweise wenn die Eltern bereits ein krankes Kind empfangen haben. Sie entspricht dem Wunsch der Eltern nach einem gesunden Kind und ist häufig die einzige Alternative zu einem Verzicht auf weiteren Nachwuchs.

Befürworter dieser Methode weisen darauf hin, dass sie gegenüber der Pränataldiagnostik (vgl. 3.3) die „sauberere" Methode darstellt, denn dort warte man die Schwangerschaft erst ab und müsse dann abtreiben, wenn man einen Defekt feststelle. Bei der PID könne man dagegen gleich den richtigen Embryo auswählen.

Die Kritiker verweisen dagegen auf einen formalen Unterschied. Die Pränataldiagnostik sei an sich zunächst neutral. Bei entsprechendem Ergebnis könne die Frau abtreiben lassen, sie müsse es aber nicht. Bei der PID werde aber von vornherein der Tod von Embryos in Kauf genommen. Diese deontologisch-formale Unterscheidung überzeugt mich aber nicht angesichts von 90 % der Frauen, die sich nach einem schlechten Befund der PND zur Abtreibung entschließen, und angesichts des Drucks, der häufig auf sie ausgeübt wird.

Schwerwiegender ist für mich das sogenannte Dammbruch-Argument. Denn mit der PID können Eltern auch das Geschlecht, das Aussehen und bestimmte Eigenschaften ihres Kindes bestimmen. Damit wird das Kind zum Konsumobjekt, das gleichsam bestellt werden kann, wenn es auch immer noch aus dem Sperma und der Eizelle der Eltern gebildet ist. Der entstehende Widerspruch wird in den Worten Jeffrey Steinbergs deutlich: „Ich greife nie ein. Ich wähle nur aus." Denn die Auswahl bedeutet schon einen Eingriff in den Fortpflanzungsprozess. Die Botschaft an die Kinder lautet: Wir lieben euch, aber nur, wenn ihr so seid, wie wir euch wünschen.

Steinberg, der in den USA deutlich mehr Möglichkeiten hat als die Genetiker in Deutschland, befürwortet auch die elterliche Planung der Geschlechterfolge. Die Familie „geschlechtlich auszubalancieren", gehöre zum „Lifestyle".

Andere Wissenschaftler fordern unumwunden eine „Verbesserung" der Menschheit, um so die globalen Probleme zu lösen. Der Physiker und Molekularbiologe Francis Crick will Eltern davon überzeugen, dass Kinder keine Privatangelegenheit, sondern eine soziale Aufgabe seien. Der Biologe und Eugeniker Julian Huxley wollte die allgemeine Intelligenz der Menschen durch eugenische Selektion anheben. Schon eine Verbesserung des mittleren IQ von 100 auf 101,5 würde dazu führen, dass 50 % mehr Menschen einen IQ von mindestens 160 hätten.

Der Roman „Beim Leben meiner Schwester" von Jodi Picoult aus dem Jahre 2004 macht auf eine weitere mögliche Funktion der PID aufmerksam, der Zeugung eines „Therapiekindes". Kate hat eine sehr aggressive Leukämie-Variante (Blutkrebs). Sie kann nur durch eine passende Knochenmarkspende geheilt werden. Anna wird nun als Retortenbaby gezeugt und so ausgewählt, dass ihr Knochenmark zu Kate passt. Abgesehen davon, dass das Kind zahlreiche Operationen über sich ergehen lassen muss und ein schlechtes Gewissen bekommt, wenn sie sich nicht darauf einlässt, ist hier endgültig der Mensch instrumentalisiert. Auch wenn die Eltern bereit sind, das Retortenkind in gleicher Weise zu lieben, muss Anna damit leben, für einen außerhalb ihrer Person liegenden Zweck geboren zu sein.

Außerdem werden bei einer derartigen „Anfertigung" eines Therapie-Kindes gesunde und lebensfähige Embryonen abgetötet, weil sie nicht die Merkmale aufweisen, die für die Knochenmarkspende benötigt werden. Ein solcher therapeutischer Nutzen der PID ist in Großbritannien seit 2008 erlaubt und auch schon praktiziert worden.

Nur ganz kurz möchte ich auf die Gen-Therapie eingehen. Sie versucht, Defekte in der DNA zu reparieren, indem das defekte Gen durch ein neues, gesundes ersetzt wird. Die unproblematische somatische Therapie versucht beim lebenden Menschen ein spezifiziertes Gen zu ersetzen, die Keimbahn-Therapie versucht dies im Frühstadium eines Embryos, wenn noch jede Zelle in der Lage ist, ein eigenständiger Mensch zu werden. Sie hat den Nachteil, dass diese Manipulation auch an die Nachkommen weitergegeben wird. Nun wird der Nachwuchs sicher nichts dagegen haben, wenn eine vererbte Neigung zu Krebs oder die Möglichkeit, an Aids zu erkranken, nicht vererbt wird. Aber weder die somatische, noch die Keimbahn-Therapie sind verlässlich. Einerseits kann es beim Versuch, das richtige Gen auszuschneiden, zu Irrtümern kommen. Andererseits sind die meisten Krankheiten komplex und nicht auf ein Gen beschränkt. Es ist unvorhersehbar, welche ungewollten Wirkungen man erzielen würde. Therapierte Menschen wären langfristige „Versuchskaninchen", da man den Erfolg oft erst in reifem Alter feststellen kann.

3.5 Leben reparieren? (Organtransplantation)

Grundlage: Informationsblatt: Organtransplantation
Gemeinsame Erklärung der Kirchen: Organtransplantationen
Klaus-Peter Jörns: Organtransplantationen
Fernsehsendung: Tot oder lebendig?

Organtransplantationen sind Operationen, bei denen funktionstüchtige Organe die Stelle kranker Organe übernehmen sollen. Dadurch kann der vorzeitige Tod des Patienten u.U. verhindert oder hinausgeschoben werden. Zwar gelingt nicht jede Transplantation, da die neuen Organe öfters von der Immunabwehr des

Kranken abgestoßen werden, doch ist die Erfolgsrate im Laufe der Jahrzehnte durch eine verbesserte Technik und begleitende Medikamente deutlich verbessert worden. Die Organe können von lebenden Spendern kommen, wenn deren Leben dadurch nicht beeinträchtigt wird (z.b. bei Nieren oder Knochenmarkzellen), stammen meistens aber von Hirntoten (z.b. bei einem Unfall gestorben), die noch funktionstüchtige Organe aufweisen. Da in Deutschland eine geringe Bereitschaft besteht, die eigenen Organe nach dem Tode zur Verfügung zu stellen, wird immer wieder diskutiert, durch welches Verfahren man das Kontingent erhöhen könne, ohne die Menschenwürde der Spender anzutasten. Denn durch die gestiegenen technischen Möglichkeiten ist auch der Bedarf an Organen immer größer geworden, es stehen aber nicht genügend zur Verfügung.

In der Folge einer Erklärung aus dem Jahre 1968 wurde international das Kriterium für das Einsetzen des Todes verändert. Während früher das Aussetzen des Herz-Kreislaufsystems den Tod markierte, trat nun das völlige Absterben des Gehirns an seine Stelle. Dadurch wurde es möglich, den toten Patienten weiter künstlich zu beatmen, um ihm „gesunde" Organe zu entnehmen. Die Transplantation muss dann sehr bald erfolgen. Das Transplantationsgesetz des Deutschen Bundestags übernahm 1997 die Konzeption des „Hirntods".

Die katholische und die evangelische Kirche in Deutschland würdigten 1990 die Möglichkeit der Organspende. Sie wiesen darauf hin, dass die Auferstehungshoffnung der Christen nicht an einen unversehrten Körper (wie z.B. im alten Ägypten) gebunden sei. Der Tote werde in eine nicht stoffliche Realität verwandelt, behalte dabei aber seine Identität mit der ehemals körperlichen Existenz.

Zusätzlich verweisen die Kirchen auf das Gebot der Nächstenliebe. Unser Körper sei Gottes Geschenk, mit dem wir unseren Mitmenschen helfen sollen. Mit der Organspende könne diese Hilfe über den eigenen Tod hinaus erfolgen und damit den Auftrag Christi erfüllen.

Immer wieder und auch in der Gegenwart wird Kritik am Hirntod-Kriterium geäußert. Grundlage dieser Kritik ist der Augenschein, dass sich „Hirntote" häufig nicht von anderen schwer kranken Patienten unterscheiden. Sie atmen, schwitzen, zeigen Reaktionen, und Frauen können sogar weiter Kinder austragen. Es wird gemutmaßt (z.B. schon 1968 durch den Philosophen Hans Jonas), dass die Transplantationsindustrie die neue Bestimmung des Todes durchgesetzt habe, um die Eingriffe rechtmäßig zu machen. 1967 wurde nämlich die erste Herztransplantation durch den südafrikanischen Chirurgen Christiaan Barnard durchgeführt. Kritiker werfen den Kirchen vor, „über den Tisch gezogen" worden zu sein.

Der Theologe Klaus-Peter Jörns kritisiert die Entindividualisierung der Person, dessen Körper unter funktionalen Gesichtspunkten in Einzelteile zerlegt werde. Zudem könne man Liebe nicht verordnen. Sie bedürfe einer Beziehung zu einem konkreten Gegenüber.

Im Zentrum der Auseinandersetzung steht die Frage, wann man einen Menschen als tot bezeichnen kann. Ist das Leben einzig an ein funktionierendes Gehirn gebunden, sodass der Ausfall von Reflexion und Selbstbewusstsein schon den Tod bedeutet? Oder ist das Sterben ein Prozess, der über einen gewissen (wenn auch kurzen) Zeitraum ins „Dunkle" hinabgleitet? Wenn man wartet, dass alle Teile des Menschen absterben, kann man keine Organe mehr für die Kranken verwenden. Wenn aber „Hirntote" noch nicht tot sind, werden sie durch die Organentnahme durch den Chirurgen aktiv umgebracht. Zum Teil werden diese Eingriffe unter Narkose durchgeführt, um unkontrollierte Bewegungen des Toten zu verhindern. Auch bei Patienten im Koma ist man sich nicht sicher, ob sie es nicht mitbekommen, wenn sie jemand besucht und mit ihnen redet. Bei Hirntoten ist manchmal festzustellen, dass Blutdruck und Puls stark ansteigen, wenn ein Angehöriger sich verabschieden möchte, als wollte der Tote ihn auffordern, ihn nicht zu verlassen.

Befürworter der Hirntod-Konzeption (wie z.B. der Theologe Eberhard Schockenhoff) verweisen darauf, dass es zwar gewisse

Lebensäußerungen bei Hirntoten gebe, dass diese aber nicht von ihnen selbst gelenkt würden. Das Gehirn sei nicht nur zentral für das menschliche Leben, weil es das Zentrum des Identitätsbewusstseins sei, sondern auch, weil es die Arbeit aller anderen Organe im Sinne des Menschen koordiniere. Ein Ausfall dieser zwei Möglichkeiten bedeute den Tod des Menschen, auch wenn einzelne Teile durch technische Hilfe von außen noch ihren Dienst versähen.

Die Schüler meiner Kurse sind in der Regel schnell bereit, Organtransplantationen zu akzeptieren. (Ob sie ihnen dann später zustimmen, ist eine andere Frage.) Ich bin mir da nicht so sicher. Als mein Bruder jung war, hat er begeistert alte, kaputte Radios ausgeschlachtet und aus mehreren defekten ein funktionierendes gemacht. Ähnlich komme ich mir bei einer Transplantation vor. Ich habe Schwierigkeiten mit der Vorstellung, dass mein Körper „ausgeschlachtet" werden könnte. Wir alle wissen nicht, was und wie der Tod wirklich ist und welche Reste von Bewusstsein dem Sterbenden noch anhaften. Dass sich andere gierig auf meine Einzelteile stürzen, widerspricht meiner Vorstellung von personaler Würde.

Problematisch bleibt auch der Schluss nach vorne. Weil das Leben mit dem Ausfall des Gehirns endet, deshalb sei der Fötus auch erst mit der Funktionsfähigkeit des Gehirns ein schützenswerter Mensch. Bei dieser Argumentation „beißt sich die Katze in den Schwanz".

3.6 Leben beenden? (Sterbehilfe)

Grundlage: Erfahrungsbericht von Helene K.
    Arbeitsblatt: Was heißt eigentlich Sterbehilfe?
    Peter Singer: Praktische Ethik
    Eberhard Schockenhoff: Der Sterbende ist Auftrag für den
    Lebenden
    Arbeitsblätter: Ziele der Deutschen Hospiz-Bewegung

Die Erkenntnis, sterben zu müssen, ist mit Unsicherheit und Angst verbunden. Diese Angst wird aber vergrößert durch die Vorstellung, an Schläuchen und medizinischen Geräten hängend, willenlos dem Krankenhauspersonal ausgeliefert zu sein und – am Leben gelassen – in die Tage hineinzudämmern. Die meisten Menschen wünschen sich ihren Tod zu Hause, schnell, schmerzfrei und umgeben von lieben Menschen, und wissen doch, dass diese Vorstellung häufig unrealistisch ist. So haben auch gläubige Menschen weniger Angst vor dem Tod als vor dem Sterben.

In ihrem Erfahrungsbericht schildert Helene K. die Krankheit ihres Vaters, die seine Nervenbahnen befiel. Die Ärzte sahen keine Möglichkeit, ihn zu heilen, sie konnten nur seine Schmerzen lindern. Der Vater wurde hilflos und verlor die Kontrolle. Er musste gefüttert und gewickelt werden und empfand sein Leben als Qual. Tochter und Schwiegersohn mussten mit ansehen, wie er dahinvegetierte. Sein Wunsch zu sterben wurde vom Arzt abgelehnt. Zu töten sei nicht seine Aufgabe.

Das Wort „Sterbehilfe" ist missverständlich, denn es meint meistens nicht die Hilfe beim Sterben (Sterbebegleitung), sondern die Hilfe zum Sterben. Der früher gebräuchliche Begriff Euthanasie (guter Tod) ist durch den Missbrauch im Nationalsozialismus diskreditiert.

Aktive Sterbehilfe (Tötung auf Verlangen) bedeutet die beabsichtigte Tötung des Kranken durch den Arzt mit Spritze, Tablette oder Infusion. Sie ist in Deutschland verboten und wird bestraft. Eine Sonderform ist die Beihilfe zur Selbsttötung (assistierter Suizid), in der der Kranke selber aktiv wird, ihm aber das todbringende Gift zur Verfügung gestellt wird. Diese Handlung ist straffrei, es ist aber eine Anklage wegen unterlassener Hilfeleistung möglich.

Von einer passiven Sterbehilfe (Sterbenlassen) spricht man, wenn lediglich – auf Wunsch des Patienten oder dessen Angehörigen – lebensverlängernde Maßnahmen abgebrochen werden. Indirekte Sterbehilfe (Therapie am Lebensende) liegt vor, wenn schmerzlindernde Medikamente verabreicht werden, die aber als Nebenwirkung das Sterben beschleunigen können. Passive und indirekte Sterbehilfe sind zulässig, wenn sie dem Wunsch des Patienten entsprechen.

Ein Patiententestament hilft, seinen Willen für den Fall einer ernsthaften Erkrankung ohne eigenes Bewusstsein schriftlich festzulegen. Da ein solches Schriftstück nicht für alle eintretenden Fälle eine Antwort liefern kann, wäre es wichtig, rechtsverbindlich

Menschen zu ernennen, die im Sinne des Erkrankten eine Entscheidung fällen können (Betreuungsverfügung).

In den Niederlanden ist seit 2002 das Töten auf Verlangen unter bestimmten Bedingungen straffrei. Es muss von einem Arzt ausgeführt werden, wobei ein anderer Arzt zuvor die Diagnose bestätigt hat. Ein Bericht über den Entscheidungsprozess muss dann von einer Kommission gebilligt werden. Der Zustand des Schwerkranken muss aussichtslos und sein Leiden unerträglich gewesen sein, er muss freiwillig und nach ausführlicher Überlegung um die Tötung gebeten haben und es darf keine andere angemessene Lösung existieren. Grund für das Gesetz war der Wunsch, die Sterbehilfe aus der Illegalität herauszuholen und zu regeln. Ich habe vor Jahren einen Fernsehbeitrag gesehen, in dem das Geschehen als sehr ernsthafte Entscheidung aller Beteiligten nachgezeichnet wurde. Ich habe aber auch gelesen, dass die „Normalisierung" dieser Tötungen die gewollte Ernsthaftigkeit inzwischen in Frage stellt.
In der Schweiz gibt es Vereinigungen, die den begleiteten Suizid organisieren. Voraussetzung dafür, diesen Service wahrzunehmen, ist allerdings, dass der Kranke noch in der Lage ist, sich das Gift selber zuzuführen.

Der Utilitarist Peter Singer hätte keinen Einwand gegen ein Töten auf Verlangen. Zwar sei das Töten einer sich selbst bewussten

Person verboten, da ihr Wunsch nach Zukunft durchkreuzt werde (vgl. 3.1), doch diese Person wünsche ja den Tod. Diesem Wunsch zu entsprechen, heiße, die menschliche Autonomie ernst zu nehmen.

Utilitaristische Philosophen stellen ebenso den Unterschied von Tun und Unterlassen in Frage. Das Ergebnis sei in jedem Fall der Tod des Patienten und solle rechtlich nicht unterschiedlich behandelt werden. Hier auf eine unterschiedliche Intention des Arztes zu verweisen, greife zu kurz.

Eberhard Schockenhoff argumentiert vor allem auf der Ebene des Dammbruch-Argumentes. Kranke empfänden sich häufig als eine Last für ihre Mitmenschen und sähen eine innere Verpflichtung, sich als Ursache dieser Last zu verflüchtigen. Ihr Wunsch zu sterben sei nicht Ausdruck ihrer inneren Freiheit, sondern gerade der Unfreiheit. Es sei aber nicht menschenunwürdig, auf fremde Hilfe angewiesen zu sein. Vielmehr rufe der verletzliche Körper des Menschen nach Solidarität und tätiger Hilfe. Die Würde des Menschen sei nicht von seiner Leistungsfähigkeit abhängig. Unterhalb dieser funktionalen Bemühung, durch seine Tätigkeit etwas wert zu sein, liege die essentielle Ebene der Würde, die den Menschen immer zum Zweck, nicht zum Mittel werden lässt. Im Wunsch nach aktiver Sterbehilfe werde die Autonomie des Kranken nicht geachtet, sondern vernichtet. Man könne ihn nicht von seinen Leiden befreien, indem man ihn von sich selber befreit.

Den Unterschied von Tun und Unterlassen (aktiver und passiver Sterbehilfe) sieht Schockenhoff nicht nur in der unterschiedlichen Intention des Arztes, sondern auch in der Ursache des Todes. Der Patient sterbe nicht am Abschalten der Herz-Lungen-Maschine, sondern er sterbe an seiner Krankheit. Eine unmittelbare Tötungshandlung sei aber ein aktiver Eingriff in diesen Prozess.

Der Theologe und Ethiker Alberto Gondolfi unterscheidet drei Grundgüter, die durch eine evtl. Sterbehilfe berührt würden: die Pflicht, Schmerzen und Leiden zu vermindern, das Recht auf Selbstbestimmung und die Erkenntnis, dass das Leben nicht unbegrenzt ist. Diese Güter sollten in jedem einzelnen Fall gegeneinander abgewogen werden, da keines absolut gesetzt werden könne.

Meiner Meinung nach muss die Tötung auf Verlangen vor dem Hintergrund des Suizids gesehen werden. Jährlich sterben mehr Menschen durch Selbstmord als durch Verkehrsunfälle. Einerseits ist das Leben nicht der höchste Wert. In bestimmten Situationen kann es gerechtfertigt sein, sein Leben für höhere Werte zu opfern. (Christen glauben das ja auch im Hinblick auf Jesus Christus.) Andererseits ist das Leben die Voraussetzung dafür, andere Werte anzuzielen. Zu diesen Werten gehören nach Viktor Frankl (vgl. Jagst. 11) auch die Einstellungswerte: Auch im

Zustand äußerster Passivität kann man durch seine innere Einstellung zu seinem Leiden Sinn verwirklichen.

Häufig wird von Christen argumentiert, dass sich Gott als Spender des Lebens das Lebensende des Menschen vorbehalten habe. Zwar gibt es solche Vorstellungen, z.B. vom Blut als Tabu, das nur Gott gehört, durchaus in der Bibel, sie erscheinen mir aber magisch und nicht mehr zeitgemäß. Gott hat dem Menschen das Leben zur Verfügung gestellt. Daraus kann nur gefolgert werden, dass der Mensch für sein Leben Verantwortung übernimmt. Zu dieser Verantwortung gehört aber auch, es nicht einfach wegzuwerfen, wenn die eigenen Glückserwartungen nicht erfüllt werden.

Solche Überlegungen bleiben aber immer theoretisch. Welche Wünsche ich in der Situation äußersten Leidens und unerträglicher Schmerzen hätte, kann ich nicht voraussagen. Das relativiert einerseits die Aussagekraft von Patientenverfügungen, andererseits sollte es demütig machen bei der Beurteilung der Entscheidungen kranker Menshen oder deren Angehöriger.

Häufig fließt der Wunsch des Kranken, getötet zu werden, aus seiner Angst vor Schmerzen und unwürdiger Behandlung. Hier hat die Palliativmedizin (Schmerztherapie) eine wichtige Aufgabe. Es wäre heute weitgehend möglich, Schmerzen zu verhindern und ein menschenwürdiges Sterben zu gewährleisten. Allerdings werden in Deutschland die Möglichkeiten der Palliativmedizin häufig nicht genügend wahrgenommen, vor allem aus Sorge vor einer zu starken Anwendung von Morphium-Präparaten. Richtig angewandt habe man aber keine Sucht zu befürchten.

Unter dem Motto „Weil Sterben auch Leben ist" bietet die Hospiz-Bewegung eine Versorgung für unheilbar Kranke, die die Selbstbestimmung und den eigenen Lebensstil der Patienten wahrt, soweit das möglich ist. Die Familien werden genauso einbezogen wie Psychologen oder Sozialarbeiter. Mit Medikamenten und pflegerischen Maßnahmen bemüht man sich, Angst und Unwohlsein im Sterbeprozess zu mindern.

4 Das Eigene und der Andere (Konfliktfelder der Sozialethik)

4.1 Ist Geiz geil? (Wirtschaftsethik und Armut)

Grundlage: Informationsblatt: Was bedeutet Armut?
Teichbeispiel nach Peter Singer
Interview der Wiener Zeitung mit Thomas Pogge
Thomas Kesselring: Ethik der Entwicklungspolitik Dtn15,1-11

Wir unterscheiden absolute von relativer Armut. In absoluter Hinsicht sind die Menschen arm, die pro Tag weniger als 1,25 US-Dollar zum Leben haben. Das betrifft weltweit 1,2 Milliarden Menschen. 2,7 Milliarden Menschen leben von weniger als 2 US-

Dollar täglich. Ungefähr alle 4 Sekunden stirbt weltweit ein Mensch an den Folgen seiner Armut. Von relativer Armut sprechen wir, wenn Menschen weniger als die Hälfte des Durchschnittseinkommens des betreffenden Landes zur Verfügung haben. Sie sind dann nicht oder nur sehr unzureichend in der Lage, am gesellschaftlichen Leben zu partizipieren.

Armut bedeutet nicht nur, nicht genug zu essen zu haben, sondern z.B. auch kein sicheres Trinkwasser, keine Gesundheitsversorgung und keine Schulbildung zu erhalten. Das zunehmende Gefühl von Macht- und Hoffnungslosigkeit sowie fehlende Startchancen für die Kinder zementieren die ausweglose Situation. Armut zeugt also Armut.

Für den utilitaristischen Philosophen Peter Singer besteht für Menschen, die einen gesicherten Lebensunterhalt haben, eine Pflicht darin, den Armen durch Spenden zu helfen. Da der Utilitarismus das größtmögliche Glück für möglichst viele fordert, rechnet er vor: Leben zu retten ist der höhere Wert und daher eine Verpflichtung, solange keine höheren Werte beim Spender dadurch berührt werden.

Seine Gedanken verdeutlicht Singer durch ein Beispiel: Jemand kommt auf dem Weg zur Arbeit oder zur Schule an einem relativ seichten Teich vorbei, in den aber ein Kleinkind gefallen ist und zu ertrinken droht. Jeder wird bereit sein, zumal es nicht mit eigener Lebensgefahr verbunden ist, in den Teich zu steigen und das Kind zu retten. Der Retter wird dadurch zwar durchnässt, vielleicht werden die Schuhe oder auch die Hose ruiniert und wichtige Termine in Schule oder Beruf werden verspätet oder gar nicht angetreten. Jeder wird aber einsehen, dass das Leben des Kleinkindes wichtiger ist.

Diese Hilfsbereitschaft, die auf der Hand liegt, lässt bei den meisten Menschen sofort nach, wenn der Hilfsbedürftige weit entfernt und nicht sichtbar ist. Mit der Summe von 30 € könnte man einem blinden Dreijährigen in Afrika eine Augenoperation gegen den „grauen Star" finanzieren. Für ungefähr dieselbe Summe könnten 30 Kinder gegen Masern geimpft werden. Auf den Kauf eines besonders schönen T-Shirts oder einer CD könnte zur Not auch verzichtet werden, da beides nicht zu den eigenen Grundbedürfnissen zu rechnen ist. Dennoch wird nur selten dieses Geld gespendet werden.

Durch die weite Entfernung ist der Appellcharakter geringer. Wenn aber gilt, dass alle Menschen (mit Selbstbewusstsein) die gleiche Würde und die gleichen Rechte haben, dann wäre es eine Form von Rassismus, hier einen Unterschied zu machen. Viele argumentieren, dass jede Spende angesichts der weltweiten Armut nur „ein Tropfen auf einem heißen Stein" sei oder dass ein erheblicher Teil der Spendeneinnahmen in die Verwaltung der Hilfsorganisationen fließe, aber es sei besser, wenigen zu helfen als überhaupt keine Hilfe zu leisten.

Warum also spenden viele Menschen nicht oder so wenig? Zusätzlich zu den von Singer aufgeführten Gründen spielen meiner Meinung nach Verlusterfahrungen beim möglichen Spender eine wichtige Rolle. Wer schon einmal die Erfahrung gemacht hat, wie schnell es geschehen kann, dass man nur noch sehr wenig Geld zu Verfügung hat, wird vorsichtiger mit seinen Vorräten umgehen. Vielleicht hat man auch in ärgerlicher Weise Geld verloren. Der Impuls, Geld, das heute überzählig ist, für eine Notsituation festzuhalten, ist jedenfalls verständlich. Allerdings könnte die Erfahrung eigener Not auch für fremde Notsituationen sensibel machen und eher zur Hilfe motivieren.

Die Teich-Situation entspricht dem Gleichnis vom barmherzigen Samariter (vgl. 2.4). Die Sorge um ein Kind in Afrika weitet den Verantwortungsbereich erheblich aus. Es wäre – auch emotional – eine Überforderung, sich für das Leid der ganzen Welt zuständig zu fühlen. Aber sind nicht alle Leidenden im Zeitalter der Globalisierung nahe gerückt?

Auch ist Singers Definition von Grundbedürfnissen etwas eng. Wenn es nur darum geht, satt zu werden und sich gegen die Kälte zu kleiden, dann wäre das ein Leben ohne Schönheit. Ästhetische und kulturelle Bedürfnisse haben ihre Berechtigung, auch wenn sie bisweilen „Luxus" sind. Oder werde ich immer beim geplanten Kauf einer CD die Spende vorziehen?

Dennoch ist Singers Appell grundsätzlich zu unterstützen. Er schlägt vor, einen Teil seines Einkommens (5 %?) an Hilfsorganisationen zu überweisen.

Der Philosoph Thomas Pogge kritisiert allerdings Singers Grundansatz. Singer beziehe sich nur auf die Ethik des Einzelnen, nicht aber auf die politischen Strukturen. Den Armen zu helfen sei keine Angelegenheit der Barmherzigkeit, sondern der Gerechtigkeit. Einerseits hätten die Industrienationen als Kolonialstaaten in der Vergangenheit dazu beigetragen, dass ihre damaligen Kolonien unterentwickelt geblieben sind. Andererseits förderten die Regeln heutiger Weltwirtschaft immer noch ungleiche Verdienstchancen. Selbst Entwicklungshilfe habe in der Regel den Vorteil des Helfenden im Blick. So würden auf die Dauer die Reichen immer reicher und die Armen würden immer mehr abgehängt. Viele Menschen sähen diese Probleme grundsätzlich, profitierten zugleich aber von den Vorteilen niedriger Preise.
Spenden würden die Situation der Armut zwar ein wenig abmildern, wichtiger wäre aber politisches Engagement, das versucht, die Mentalität der Menschen zu verändern und die Politiker zu beeinflussen. Zudem müsste man die eigenen Konsumgewohnheiten der veränderten Einsicht anpassen.
Auch Pogge formuliert ein schlagkräftiges Beispiel. Ein Autofahrer, der an einem Verwundeten vorbeikommt und nicht anhält, handelt moralisch falsch und ist zu kritisieren. Eine

größere Schuld trägt aber der, der die Verletzung überhaupt erst hervorgerufen hat und dann Fahrerflucht begeht, statt zu helfen. So gebiete die Gerechtigkeit den Industriestaaten, das wieder gutzumachen, was sie in der Vergangenheit angerichtet haben.

Obwohl die Ansätze von Singer (Individualethik) und Pogge (Sozialethik) deutlich unterschiedliche Akzente setzen, lassen sie sich gut miteinander verbinden. Man sollte das eine tun und das andere nicht lassen. Bei aller Bemühung um eine gerechte Wirtschaftspolitik wird es niemals eine Zeit geben, in der konkrete Hilfe für Arme nicht nötig ist. Außerdem werden auf diese Weise Einseitigkeiten ausgeglichen. Wer nur spendet, beruhigt damit u.U. zu früh sein Gewissen und kümmert sich nicht mehr um die Problematik. Wer sich nur politisch betätigt, sieht zwar die Strukturen, übersieht dabei aber u.U. konkrete Menschen.

Der Biologe Garrett Hardin sieht die Hilfe für Verhungernde in der Dritten Welt als einen Irrweg. Er vergleicht die globale Situation mit einem Rettungsboot, das schon voll ist und kentern würde, wenn noch mehr Schiffbrüchige aufgenommen würden. Jeder Mensch, der vom Verhungern gerettet würde, zeuge eine Anzahl Kinder, die dann noch stärker in die Hungerspirale gerieten. Am Ende stehe die globale Katastrophe. Auch Hardin sieht die Schuld der Industriestaaten in der Vergangenheit, doch müsse man von der Gegenwart ausgehen, wolle man die Katastrophe verhindern.

Hardins Ansatz ist zynisch, er ist aber wahrscheinlich auch falsch. Die Erfahrungen in Europa zeigen, dass mit dem wirtschaftlichen Aufschwung zugleich (trotz besserer Hygiene und Gesundheitsvorsorge) die Anzahl der Kinder zurückgehe. Allerdings würde eine Industrialisierung weiterer Teile der Erde die Klimasituation zusätzlich belasten.

Dtn 15,1-11 zeigt uns die Utopie einer gerechten Wirtschaftsordnung. Grundsätzlich solle niemand in Armut geraten, denn es sei genügend für alle da. Aber es gibt immer Menschen, die sich durch die Umstände (z.B. Missernten) oder aus eigener Schuld verschuldeten. Ihnen soll man (als Nachbar) freigiebig Kredit geben. Aber im Erlassjahr (jedem siebten Jahr) würden diese Kredite und ihre Folgen (Pfänder, Arbeitsleistungen, Sklaverei) den Schuldnern erlassen. Sie sollen eine neue Chance erhalten, auf eigenen Beinen zu stehen.

Mit Hinweis auf die Knechtschaft Israels in Ägypten und seine Befreiung durch Jahwe beharren die atl. Propheten immer wieder darauf, dass sich die Treue zum Gottesbund gerade im Umgang mit Armen, Schwachen und Fremden zeigt. Wer ihnen die Solidarität verweigert und nur an seinen Profit denkt, entfernt sich von Gott, auch wenn er das Gegenteil beteuert.

In seiner „Theorie der Gerechtigkeit" geht auch der Philosoph John Rawls (1921-2002) davon aus, dass es in jeder Gesellschaft

Ungleichheit gibt, sei es, dass die Menschen unterschiedliche Fähigkeiten besitzen, sei es, dass glückliche bzw. unglückliche Umstände dazu führen. Eine gerechte Gesellschaftsordnung liege dann vor, wenn auch für ihre schwächeren Mitglieder Vorteile erwüchsen. Es ist also wichtig, auf die Situation der Armen und ihre Chancen zu schauen.

Dabei reicht es nicht, allen Menschen formal dieselben Möglichkeiten einzuräumen (z.B. einen bestimmten Schulabschluss anzustreben), sondern die Ausgangsmöglich-keiten sollten so gestaltet sein, dass dieses Ziel auch für „Ärmere" erreichbar ist. Diese Forderung erfordert global ein System gerechter Wirtschaftsbeziehungen, in dem geleistete Arbeit gleich und gerecht entlohnt wird und alle so leben können, wie es ihrer Menschenwürde entspricht.

Würdig lebt auf Dauer derjenige, der für seinen eigenen Lebensunterhalt aufkommen kann. Hilfe zur Selbsthilfe ist also der wesentliche Ansatz eines mittel- und langfristigen Engagements. Spenden als reine Zeichen der Barmherzigkeit können nur dazu dienen, kurzfristig Abhilfe zu schaffen. Sie werden aber niemals unnötig sein. „Es gibt keine gerechte Staatsform, die den Dienst der Liebe überflüssig machen könnte." (Benedikt XVI.)

4.2 Und für die Enkel? (Globalisierung und Klimawandel)

Grundlage: Podcast: 7 Milliarden Menschen auf der Erde – ein Grund zur Freude?
Informationsblatt: Globalisierung
Andreas Lienkamp: Die Ungerechtigkeit des Klimawandels

„Sind Sie sicher, dass Sie die Erhaltung des Menschengeschlechts, wenn Sie und alle Ihre Bekannten nicht mehr sind, wirklich interessiert?" (Max Frisch)

Die Forderung nach Gerechtigkeit muss nicht nur auf weit entfernt liegende Gebiete, sondern auch auf künftige Generationen bezogen werden. Auch wenn man nie vollständig die Folgen heutiger Entscheidungen und heutigen Verhaltens auf die Menschen späterer Zeit voraussehen kann, so ist doch zu befürchten, dass wir eine Hypothek hinterlassen, die die Lebensgrundlagen unserer Enkel und Urenkel erschwert, vielleicht zerstört. Nach mir die Sintflut?

Die Entwicklung der digitalen Technik erweitert den Trend zur Globalisierung: Jeder, der sie sich leisten kann, ist in der Lage, jederzeit und weltweit zu kommunizieren und sich zu informieren (oder auch nur zu unterhalten). Handel und Konsum sind weltweit möglich. Diese Möglichkeiten konvergieren mit dem Verhalten durchschnittlicher Verbraucher. Da das Lebensnotwendige vorhanden ist, greift man zu Überfluss-Produkten. Die Werbung weckt Bedürfnisse, die sogleich befriedigt werden wollen. Man möchte im Trend liegen, ältere Ware durch neue ersetzen, mindestens nicht unangenehm auffallen. Folgen dieses Verhalten der westlichen Welt sind ein hoher Verbrauch an Ressourcen, Müllproblem und Umweltverschmutzung, eine immer wachsende Macht internationaler Konzerne und die Ausbeutung der Arbeit in Billiglohnländern.

350000 Kinder werden weltweit pro Tag geboren, nach absoluten Zahlen die meisten in Asien, prozentual ist der Zuwachs in Afrika am höchsten. 2050 werden auf der Erde zwischen 8 und 10 Milliarden Menschen leben. Die hohen Geburtenzahlen in den armen Ländern erklären sich aus der mangelnden Bildung, den fehlenden Möglichkeiten zur Familienplanung und dem unvollkommenen Gesundheitswesen. Da einige frühere Entwicklungsländer (China, Indien) ihren Lebensstandard zunehmend dem Westen anpassen, steigt der Ressourcenverbrauch weiter.

Wenn derzeit 7 Milliarden Menschen 12,5 Milliarden ha (ein Hektar = 2 Fußballfelder) nutzbarer Fläche zu Verfügung stehen, kommen auf einen Menschen ca. 1,8 ha. Wir reden hier vom „ökologischen Fußabdruck", der anzeigt, wie viel Ressourcen verbraucht werden und wie viele sich wieder erneuern. In Deutschland werden aber pro Kopf durchschnittlich 4,8 ha verbraucht, in den USA sind es über 9 ha.

Zu den Ressourcen, die verbraucht werden, gehören Strom (z.B. für Licht, Handy, Computer), Wasser (Duschen, Händewaschen,

Kochen), Nahrung, Papier, Kleidung, Hygiene- und Kosmetikartikel. Das Informationsblatt zeigt am Beispiel der Banane und der Jeans, wie viel Länder involviert sind, welche Strecken zurückgelegt werden müssen (am Beispiel der Jeans 19000 km) und welche Auswirkungen diese Produktionsverhältnisse auf die Zerstörung des Lebensraums und die Armut der Bevölkerung haben. So leben die reichen Länder auf Kosten der armen.

Segen und Fluch für das Leben auf Eden sind die Treibhausgase. Sie halten in der durch sie gebildeten Atmosphäre große Teile der Sonnenwärme sowie der zusätzlichen Erwärmung der Erdoberfläche fest und bewirken damit eine höhere Temperatur. Herrschte ohne Atmosphäre eine lebensfeindliche Durchschnittstemperatur von -18 Grad Celsius, so ermöglicht eine Temperatur von 15 Grad Celsius das vielfältige Leben auf der Erde. Eine weitere Erwärmung von bis zu 5 Grad würde das natürliche Gleichgewicht zerstören und Leben, wie wir es kennen, vernichten. Der Klimawandel, der im Gange ist und zunehmend auch wahrgenommen wird, ist weitgehend durch den Lebenswandel des Menschen und die Technisierung der Produktion verursacht. Wichtigste Ursache (zu 50%) sind Nutzung und Verbrennung fossiler Energieträger (Braun- und Steinkohle, Erdöl, Erdgas). Hinzu kommen die Freisetzung künstlich hergestellter Stoffe (wie FCKW), intensive Landwirtschaft (vor allem Viehwirtschaft und Reisanbau) sowie Änderungen in der Landnutzung (Abholzung von Wäldern).

Lienkamp kommentiert in seinem Text das Bild von der Menschheit, die den Ast absägt, auf dem sie sitzt. Es sei wohl eher so, dass einige den Ast absägten, auf dem die anderen sitzen. Vor allem aber werde der Ast abgesägt, auf dem künftige Generationen einmal sitzen könnten. Diejenigen, die für den Klimawandel verantwortlich seien (und das sind weitgehend die Menschen in der westlichen Welt) hätten vergleichsweise die geringsten Folgen zu befürchten. Das Absterben des Baumes (im Bild) liege jenseits ihrer Lebensspanne.

Diejenigen, die den Klimawandel in Gang gebracht haben, sollten auch für die Schäden aufkommen und die noch entstehenden Kosten dieser Entwicklung in ihre Preise mit einbeziehen. Das Problem sei, da die Erde ja von allen genutzt werde, dass sich niemand verantwortlich fühle und niemand bereit sei, mit einschneidenden Maßnahmen voranzuschreiten. Man schiele immer auf das Tun des anderen, weil man einen eigenen Nachteil befürchte.

In Jgst. 11 wurde deutlich, dass Gott die Erde dem Menschen nicht nur zur Nutzung gegeben, sondern ihm auch die Verant-wortung für ihre Erhaltung übertragen hat. Statthalter Gottes zu sein, macht seine besondere Würde aus. Nur dadurch ist er „Bild

Gottes", nicht wegen besonderer Merkmale seiner Natur. Zwar wäre es falsch, den Umweltschutz (oder den Tierschutz) für wichtiger zu halten als Würde und Wohl der Menschen. Dennoch behält die belebte und unbelebte Natur in gestufter Weise einen eigenen Wert und stellt nicht nur einen Haufen zufällig verstreuter Abfälle zur Verfügung, über die der Mensch mit seiner Technik vollständig verfügen könnte.

Der kategorische Imperativ fordert vom Einzelnen die Überlegung, ob alle Menschen so leben könnten, wie er lebt. Jeder kleine Schritt zur Änderung seiner Lebensweise ist ein Schritt hin zu größerer Gerechtigkeit (vor allem auch in seiner inneren Einstellung). Wichtiger zur Erlangung dieses Ziels ist aber die Bereitschaft der Staaten, sich abzusprechen und den Klimawandel aufzuhalten, ohne dass es auf Kosten der armen Länder geht. Hierfür wäre eine gemeinsame politische Willensbildung nötig.

4.3 Damit Grenzen nicht über Menschen wandern (Migration)

Grundlage: Julia May: Was ist Heimat – Eine anthropologische Frage
Martin Korte: Das Fremde – Angst und Faszination
Gerhard Hoffmann: Dilemma und Herausforderung

Weltoffenheit und der damit verbundene Erfahrungshunger einerseits und das Bedürfnis nach Sicherheit andererseits sind die Pole, die das menschliche Wohlsein bestimmen. Sicherheit vermittelt vielen die Geborgenheit der „Heimat". Ein Heimatgefühl entsteht durch immer wiederkehrende Reize im Nervensystem, die sinnliche Empfindungen (z.B. der Geschmack bestimmter Speisen, die man aus der Kindheit kennt) dort hinterlassen. Das Gewohnte verbindet sich emotional mit Orten oder Zeiten des eigenen Lebens.

Das Wort Heimat bezeichnet den ständigen Wohnsitz einer Person. Die agrarisch bestimmten Gesellschaften früherer Jahrhunderte waren weitgehend geschlossen. Die Menschen kamen häufig über einen kleinen Bereich nicht hinaus. In der Moderne wurden die Vorstellungen von dem, was Heimat bedeutet, immer individueller. Zum Teil dient der Begriff als ein Schutzschild gegen Veränderungen, die man nicht versteht. Er soll unbekannte Entwicklungen und unbekannte Menschen abwehren. In der Ideologie Hitlers gewann er propagandistische Bedeutung. Menschen, die bewusst in einer offenen Gesellschaft leben, verbinden Heimat aber nicht mehr mit bestimmten Landschaften und Traditionen, sondern mit der Möglichkeit, das Leben selbstbestimmt und in engem Kontakt zu Gleichgesinnten führen zu können. In jedem Fall ist Heimat ein Sehnsuchtsbegriff, der vor allem dann eine Rolle spielt, wenn sie (vermeintlich) gefährdet oder verloren ist.

Politische und gesellschaftliche Grenzen trennen Menschen bzw. Gruppen häufig willkürlich. Jeder Mensch hat aber auch seine persönliche Grenze, seine Intimsphäre, die man nicht übertreten soll. Sie zu achten ist ein Zeichen von Respekt und Toleranz. Wenn Staaten solche Grenzen wiederholt und systematisch übertreten (d.h. die Menschenrechte missachten), ist das ein wichtiges Motiv für Flucht und Migration.

Etwas Fremdem zu begegnen, vermittelt dem Menschen neue Impulse und ist die Voraussetzung für individuelle Entwicklung. Es reißt aber auch aus der Geborgenheit und verunsichert (vgl. oben).

Menschen entwickeln häufig Stolz auf die Eigenschaften oder Leistungen eines Kollektivs (z.B. Deutscher oder Fan des FC Schalke 04 zu sein). Der Wert der eigenen Gruppe wird dann mental gesteigert und führt zu einer inneren Überlegenheit. Auf „die Anderen" sieht man herab. Je erniedrigter der „Gegner" ist, umso höher sieht man sich selber. Wird die eigene Überlegenheit in Frage gestellt, reagiert man mit Gewalt. Dieser „Kollektivstolz" ist brüchig, weil er gar nicht auf den Leistungen des Einzelnen beruht und von Elementen abhängig ist, auf die er keinen Einfluss hat. Aber gerade, wenn er selber erfolglos ist, gewinnt der „Einsatz" für das Kollektiv seinen aggressiven Charakter.

Wer Fremde kennt, gefährdet seine Vorurteile. Es könnte dazu führen, Unterschiede als berechtigt und tolerabel anzusehen. Einfacher ist es daher, bei seinen Projektionen zu bleiben und so ein Feindbild aufzubauen. Vorurteile über Fremde sind oft Eigenschaften, die man bei sich selber fürchtet und nicht wahrhaben will (z.B. die Unordnung der eigenen Wohnung oder sexuelle Vorlieben), sie können aber auch Ausdruck von Neid sein (Ausländer nehmen Deutschen den Arbeitsplatz weg).

Fremdheit kann Menschen aber auch anziehen. Das „Exotische" macht neugierig, Reisen sieht man als Abenteuer, deren Bewältigung eine Aufgabe darstellt. Das Gefühl, etwas Neues erfolgreich kennengelernt zu haben, schafft einen Raum innerer Freiheit.

Die biblischen Bestimmungen über den Umgang mit Fremden sind weitgehend durch die Befreiungserfahrung Israels bestimmt. Weil die Israeliten als Fremdlinge in Ägypten unterdrückt wurden, deshalb sollen Fremde in Israel den gleichen Schutz wie Einheimische genießen (z.B. Ex 23,9). Denn wer selber Knechtschaft erlebt hat, der kann sich in die ungesicherte Situation Heimatloser hineinversetzen.

Während andere Völker ihre Herkunft auf Götter und Heroen zurückführen, spricht Israel beim Erntedankfest (also dem Fest der Sesshaften): „Ein umherirrender Aramäer war mein Vater; der zog mit wenig Leuten nach Ägypten und blieb dort als Fremdling… der Herr erhörte uns und sah unser Elend, unsere Mühsal und Bedrückung..." (Dtn 26,1-11) Der Ertrag der Früchte des Landes, d.h. Freiheit und Sesshaftigkeit, sind nicht Verdienst des Volkes selber, sondern gnadenhaftes Geschenk Gottes, das man verpflichtet ist, mit den Fremden zu teilen.

Abraham, der Stammvater Israels, war selber kein Israelit und kein Jude. Er gilt in der jüdischen Tradition als der erste Proselyt (Hinzugekommene, Bekehrte). Mit diesem Einwanderer führte Gott seine Geschichte mit den Menschen in besonderer Weise fort. Die Bibel betont immer wieder den Beitrag von Ausländern, vor allem ausländischen Frauen, für die Geschichte Gottes mit seinem Volk. So wurde beispielsweise die Moabiterin Rut zur Stammmutter Davids. Im Stammbaum Jesu Mt 1,1-17 werden sie und andere ausländische Frauen ausdrücklich erwähnt.

Der wichtigste Hinweis, wie Fremden zu begegnen ist, findet sich für Christen im Gleichnis vom Endericht (vgl. Jgst. 12/II): „Ich bin ein Fremder gewesen, und ihr habt mich (nicht) aufgenommen." (Mt 25,35.43). Es ist die Aufforderung, im Fremden Christus selbst zu erkennen.

General Harras kommentiert in Carl Zuckmayers Drama „Des Teufels General" (1946), dass Einwanderung das belebende Element kultureller Entwicklung sei:

Und jetzt stellen Sie sich doch mal Ihre Ahnenreihe vor — seit Christi Geburt.

Da war ein römischer Feldhauptmann, ein schwarzer Kerl, braun wie ne reife Olive, der hat einem blonden Mädchen Latein beigebracht.

Und dann kam ein jüdischer Gewürzhändler in die Familie, das war ein ernster Mensch, der ist noch vor der Heirat Christ geworden und hat die katholische Haustradition begründet.

Und dann kam ein griechischer Arzt dazu, oder ein keltischer Legionär, ein Graubündner Landsknecht, ein schwedischer Reiter, ein Soldat Napoleons, ein desertierter Kosak, ein Schwarzwälder Flözer, ein wandernder Müllerbursch vom Elsaß, ein dicker Schiffer aus Holland, ein Magyar, ein Pandur, ein Offizier aus Wien, ein französischer Schauspieler, ein böhmischer Musikant

— das hat alles am Rhein gelebt, gerauft, gesoffen und gesungen und Kinder gezeugt

und der Goethe, der kam aus demselben Topf, und der Beethoven und der Gutenberg, und der Matthias Grünewald und — ach was, schau im Lexikon nach.

Es waren die Besten, mein Lieber! Die Besten der Welt! Und warum? Weil sich die Völker dort vermischt haben. Vermischt - wie die Wasser aus Quellen und Bächen und Flüssen, damit sie zu einem großen, lebendigen Strom zusammenrinnen.

Als Konsequenz der nationalsozialistischen Zeit, in der verfolgte Deutsche (teilweise erfolglos) versuchten, in anderen Ländern Asyl zu finden, hat die BRD ein liberales Asylrecht. Allerdings bezieht es sich nur auf politische Verfolgung und die Gefährdung von Leben und Gesundheit durch Mitbürger der entsprechenden Länder, nicht aber auf Wirtschaftsflüchtlinge, auch wenn durch Hungersnöte oder Naturkatastrophen Lebensgefahr besteht. Durch zusätzliche Bestimmungen (z.B. die Definition von sicheren Herkunftsländern) versucht man, die Anzahl der Asylsuchenden zu begrenzen. 1990 vereinbarten die Länder der EU, dass Flüchtlinge nur in den Ländern einen Asylantrag stellen können, in denen sie die EU betreten. Dadurch haben die Länder des Mittelmeeres die Hauptlast zu tragen. Um sie zu entlasten, wurde ein Abkommen mit der Türkei geschlossen, Flüchtlinge aufzunehmen und an der Weiterfahrt zu hindern. Dies macht Europa aber gegenüber der türkischen Politik erpressbar.

Der Großteil der Asylanten kam in den letzten Jahren aus Syrien und Afghanistan. Sie flohen vor Bürgerkrieg und Unterdrückung. Die große Mehrheit der weltweit Flüchtenden verbleibt aber in den Nachbarländern, sodass z.B. arme Staaten in Afrika die Menschen aus anderen armen Staaten Afrikas aufnehmen müssen.

Die flüchtenden Menschen nehmen die Dienste von Schleusern in Anspruch. Diese lassen sich 1000 € (für den gefährlichen Seeweg über die Ägäis) bis zu 10000 € (für den direkten Weg im LKW-Versteck bis Deutschland) zahlen. Das Geld wird (beispielsweise in Istanbul) auf ein Treuhandkonto gezahlt und freigegeben, wenn die Asylsuchenden angekommen sind. Sie sind auf ihrer Flucht den Fluchthelfern aber völlig ausgeliefert und werden möglicherweise gezwungen, das Geld auch ohne die erforderliche Gegenleistung freizugeben.

In Deutschland kommen die Asylsuchenden in Aufnahmelager und erhalten die Möglichkeit einer persönlichen Anhörung, wenn sie sich ausweisen können und aus Ländern kommen, die als unsicher eingeschätzt werden. Wenn sie in einem anderen Land den Boden der EU betreten haben, werden sie dorthin zurückgeschickt. In einer beispielhaften humanitären Aktion wurden 2015 Hunderttausende syrische Flüchtlinge ins Land gelassen. Seitdem schottet man sich aus Angst vor fremdenfeindlichen Wählerschichten weitgehend ab.

Die Integration fremdstämmiger Bevölkerungsteile ist ein längerer Prozess, und sie ist keine Einbahnstraße. So wie die Einwohner die Migranten mit ihren Besonderheiten respektvoll und ohne Angst behandeln sollten, so ist es notwendig, dass die Zuwanderer die Verfassung, die Sitten und Wertvorstellungen der ansässigen Menschen zu verstehen und anzuerkennen lernen. Die Beherrschung der Sprache und Kenntnisse über Staatsform und Geschichte des Landes sind dafür unerlässlich. Ich würde mir ein Punktesystem wünschen, in dem Migranten durch ihre Teilhabe am gesellschaftlichen System Pluspunkte, Minuspunkte aber für kriminelle Taten und die Infragestellung der Menschenrechte erhalten. Entsprechend sollten sie schneller eingegliedert bzw. abgeschoben werden – zur Not auch in unsichere Herkunftsländer. Wichtig ist, dass sie die Chance erhalten, in Deutschland anzukommen und sich willkommen zu fühlen.

4.4 Gott will es? (Krieg und Friedensethik)

Grundlage: Artemisia Gentilechi: Judith und Holofernes
Alfred Kall: Krieg und Friedensethik
Ulrich von den Steinen: Unzufrieden mit dem Frieden?

„Gesetzt den Fall, Sie haben noch nie einen Menschen umgebracht. Wie erklären Sie sich das?" Diese Frage des Schweizer Schriftstellers Max Frisch provoziert. Es gehört sich nicht, einen anderen umzubringen. Das Zitat setzt aber voraus, dass jeder in eine Situation kommen könnte, die ihn zum Töten veranlasst. Gewalt steckt wohl in jedem von uns. Gott sei Dank sind die meisten nie in die Situation gekommen, jemanden töten zu müssen. Aber ist das der Normalfall?

Das Gemälde „Judith und Holofernes" der italienischen Malerin Artemisia Gentilechi aus dem Jahre 1613 ist ein Bild konzentrierter Gewalt. Zugrunde liegt der dramatische Höhepunkt der „terroristischen" Rettungstat, die im Buch Judit im AT erzählt wird. Der assyrische Feldherr Holofernes belagert die Stadt Betulia in Israel. Die reiche, gottesfürchtige Witwe Judit, eine sehr schöne und mutige Frau, sucht zusammen mit ihrer Magd den Aggressor auf, um ihn mit allen Mitteln weiblicher Verführungskunst zu becircen. Dem betrunkenen und schläfrigen Mann schneidet sie anschließend den Kopf ab und nimmt ihn mit. Voller Entsetzen bricht das assyrische Heer die Belagerung ab.

In einem dunklen, nächtlichen Raum leuchten nur die drei beteiligten Personen und das

Betttuch, der Ort des grausigen Geschehens. Judit fasst Holofernes' Kopf an den Haaren, drückt ihn auf das Laken und schneidet ihm mit seinem Schwert die Kehle durch. Ihre Magd hilft ihr, den schweren Körper des Assyrers niederzudrücken. Augen und Mund des Feldherrn drücken erstauntes Entsetzen aus. Sein linker Arm versucht eine hilflose Gegenwehr. Das schon verströmte Blut sucht sich seine Bahnen auf dem Betttuch. Die Frauen zeigen keine Emotionen, sondern konzentrieren sich völlig auf ihr mörderisches Tun.

Judit, die gottesfürchtige Frau, rettet ihre Heimatstadt im Auftrag Gottes vor den Feinden. Das „Opfer" wird zur Täterin, die Frau übertölpelt den Mann. Gott steht ihr bei, er will diesen Mord. Will er? Das Bild schockiert jedenfalls den Betrachter. Krieg, Mord und Zerstörung werden in weiten Teilen der Bibel nicht in Frage gestellt – wenn sie im Auftrage Gottes erfolgen.

Frühe Schichten der atl. Theologie kennen die Institution der Jahwekriege. Wie beim Auszug aus Ägypten und bei der Landnahme ist es nicht Israel, das kämpft, es ist Gott selber. Und alles, was erbeutet wurde, fällt Gott zu, nicht den „Siegern". Die Texte sind teilweise äußerst brutal gegenüber den Gegnern Israels, verdeutlichen aber auch, dass Gewalt keine Sache der Menschen ist. Sie ist alleine Gott vorbehalten. Doch es sind ebenso Propagandatexte. Der Feind Israels ist immer auch Jahwes Feind. Die Erfahrung kriegerischer Brutalität (z.B. durch die Assyrer) und zunehmender militärischer Misserfolge Israels führt aber im Laufe der atl. Geschichte zu einem Umdenken. Jahwe wird mehr zu einem Gott des Friedens. Die Gerichtspropheten warnen vor dem Krieg. Und der „zweite" Jesaja verkündet eine kommende Gestalt, die das Heil in Ohnmacht und Leiden vermittelt, den „Gottesknecht". Das Judentum entwickelt einen umfassenden Friedensbegriff: shalom. Frieden ist mehr als die Abwesenheit kriegerischer Handlungen. Frieden bedeutet soziale Gerechtigkeit, auch körperliche Gesundheit, Freiheit von Schuld und allem, was das innere Wohlergehen einschränkt.

Jesus übernimmt diese Vorstellung. Er heilt Kranke, befreit von Schuld und ermöglicht einen Neuanfang, treibt innerpsychische Dämonen aus. Auf fremde Gewalt solle man paradox reagieren: „Wenn dich einer auf die rechte Wange schlägt, dann halte ihm auch die andere hin." (Mt 5,39) Aber seine Verkündigung bezieht sich nur auf das Alltagshandeln einzelner Menschen. Jesus war nie Politiker, und er hatte auch nicht die Absicht, einer zu werden. Das hätte nicht seinem apokalyptischen Ansatz entsprochen, der Erwartung, das Reich Gottes werde bald kommen. Ein Staat herkömmlicher Art werde dann nicht mehr gebraucht, und das „Reich" Gottes wird eben kein Staat dieser Art sein. Ob man mit der Bergpredigt „Staat machen" könne, hat Jesus nicht reflektiert.

Entsprechend lehnen viele Christen in den ersten Jahrhunderten den Militärdienst ab, auch wenn es sie Leib und Leben kostet. Als das Christentum im Römischen Reich zur Staatsreligion wird, ist ein neues, pragmatischeres Verhältnis zum Krieg notwendig. Augustinus und später dann Thomas von Aquin entwickeln die Lehre vom gerechten Krieg. Er dürfe nur von einer legitimen Autorität erklärt werden. Es müsse ein gerechter Grund (also z.B. die Landesverteidigung oder die Verhinderung von Völkermord) vorliegen, die Absicht müsse sein, den friedlichen Zustand wieder herzustellen, und die Kriegsführung müsse sich auf dieses Ziel beschränken. Zivilpersonen dürften nicht in Mitleidenschaft gezogen werden. Und: Der Krieg müsse das letzte Mittel sein, wenn alle anderen Versuche gescheitert seien. Die Geschichte der Kriege dürfte zeigen, dass es solche „gerechten Kriege" im strengen Sinn nie gegeben hat. Im Zeitalter heutiger Waffentechnik und moderner Kriegsführung ist es vollends unmöglich, Zivilpersonen unbeschadet zu lassen. Zudem werden immer beide Kriegsparteien Schuldige sein, wenn auch vielleicht in unterschiedlichem Maße. Die traditionelle Lehre übersieht ferner, dass ungerechte soziale Strukturen (Ungleichgewichte der Weltwirtschaft, „Raub" der Ressourcen, fehlende Bildungsmöglichkeiten) Kriege ohne militärische Handlungen sind. Um Kriegsgründe zu verhindern, muss man hier ansetzen.

Feindschaft entsteht aus der festen Überzeugung, selber im Recht zu sein, und gegen den anderen vorgehen zu müssen, der im Unrecht ist. Das gilt für Einzelpersonen wie für Staaten. Jede Seite setzt sich selber absolut, verweigert die Bemühung, die andere und ihre Beweggründe zu verstehen. Ein gewisses Gewaltpotential schlummert in jedem Menschen. Kriege brechen nicht wie Naturereignisse aus, sondern sie entstehen durch diese Gewalt aus unserem Innern. Und häufig werden die wahren Motive, wie Fanatismus oder Machtgier, dabei verschleiert.

Kriege zu führen, ist immer Unrecht. Aber kann es nicht eine Pflicht sein, Widerstand gegen das Böse zu leisten, Unrechtsregime an staatlichem Terror und Menschenrechtsverletzungen zu hindern? Nicht zu handeln, kann manchmal das größere Unrecht sein. Wer vor der Frage steht, z.B. mit dem Mittel einer Blauhelmmission einzugreifen oder nicht, steht in einer Dilemmasituation, in der er die am wenigsten schlechte Lösung wählen muss. Eine solche Entscheidung kann immer nur im Einzelfall getroffen werden. Wer die Schwachen schützt, wer sich um Deeskalation und Vermittlung müht, die Kämpfenden mit Waffengewalt auseinanderhält, wählt das Gute im Bösen.

Handelte er nicht, ließe er der ungehemmten Gewalt freien Lauf. Auch wenn wir es uns wünschen: Die Welt ist nicht so, dass man auf Armeen verzichten könnte.